Verliebt in Bremen

D1671628

© 2010 Carl Ed. Schünemann KG, Bremen
www.schuenemann-verlag.de

Nachdruck sowie jede Form der elektronischen Nutzung
– auch auszugsweise – nur mit Genehmigung des Verlages.
Text: Karen Struve
Fotos: Gabi Anna Müller
Foto Seite 51: © Outer Roads GmbH
Foto Seite 171: © Kulturzentrum Schlachthof
Satz und Buchgestaltung: Carl Schünemann Verlag Bremen

Printed in EU 2010 | ISBN 978-3-7961-1926-2

Karen Struwe

Verliebt in Bremen

Mit Fotos von
Gabi Anna Müller

Carl Schünemann Verlag Bremen

Inhalt

Tanze mit mir in den Morgen

Süße Träume und Entspannung zu zweit

Ja, ich will

Manche mögen's heiß

Anhang

Bremen - eine Stadt der Liebe?

Breem – spricht man den Namen der Stadt ganz norddeutsch aus, zaubert sich dem Bremen-Kenner sofort ein Lächeln aufs Gesicht. Und wer Bremer nach ihrer (Wahl-)Heimat fragt, wird nicht selten hören, wie gerne die Menschen hier leben und dass sie geradezu verliebt in Bremen sind. Und tatsächlich: Trotz des viel zitierten Bremer Schmuddelwetters hat die Stadt an der Weser jede Menge Charme.

Als Paar kann man es sich hier besonders nett machen: Bremen lädt euch ein, seine verträumten Ecken, das maritime Flair am Wasser und seine fröhlich-frivolen Seiten zu entdecken. Und wer ein paar romantische Tage in der Hansestadt und ihrer reizvollen Umgebung verbringt, wird es bald im doppelten Sinne sein: verliebt in Bremen!

In einigen Reiseführern ist zu lesen, dass in Bremen durchschnittlich auch nicht mehr Regen fällt als im Ruhrgebiet oder in anderen Teilen Deutschlands. Aber seien wir ehrlich: Bremen ist nicht gerade für seine vielen Sonnenstunden bekannt. Wenn es allerdings mal trocken ist und die Sonne scheint, gibt es in der Hansestadt kein Halten mehr. Alt und Jung macht es sich in Straßencafés, auf dem heimischen Balkon, am Weserstrand oder in der Parzelle (so heißt in Bremen der Kleingarten) gemütlich. Und vielleicht hat Bremen ja auch gerade wegen des unsteten Wetters so viele behagliche Kneipen, gemütliche Cafés und romantische Restaurants zu bieten. Viel Spaß bei der Entdeckungsreise zu zweit!

Diese Symbole helfen euch bei der Orientierung:

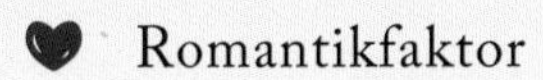

Romantikfaktor
Der besondere Tipp
Typisch bremisch
Preiskategorie

Liebe geht durch den Magen

Cafés & Restaurants

Wer kennt das nicht? Wer hat nicht auch schon mal befürchtet, sich bei der ersten Verabredung zu blamieren, weil sich das mühsam aufgespießte Salatblatt just vorm Mund wieder aufrollt und sich das Salatdressing nun in einem feinen Sprühnebel über Hose, Tischtuch und das ganze Gesicht verteilt? Oder weil die Tomatensuppe doch unübersehbare Spuren auf weißen Hemden und Blusen hinterlassen hat? Da hilft dann nur, in kleine, gemütliche Lokale und Restaurants zu gehen, die mit ihrer angenehmen Atmosphäre die Spannung ein wenig mildern. Denn gibt es auf der anderen Seite etwas Schöneres, als gemeinsam zu schlemmen und zu genießen?

Das geht in Bremen zu fast jeder Tages- und Nachtzeit. Fantasievolle Frühstücksteller, ungewöhnliche Mittagstische und romantische Abendessen – vom klassischen Candle-Light bis zum Dinner im Dunkeln – erwarten euch in Bremen. Guten Appetit!

Preiskategorien:

(10) bis 10 Euro (10)(10) 11–20 Euro (10)(10)(10) ab 20 Euro

Café Ambiente ♥♥♥ ⑩–⑩⑩⑩

Das Café Ambiente ist für ein romantisches Frühstück zu zweit unbedingt zu empfehlen. Bis 15 Uhr werden hier Frühstücksspezialitäten für jeden Geschmack und Geldbeutel angeboten. Das Schlemmerfrühstück für zwei ist nicht nur lecker, sondern auch gesund, denn im Ambiente stammen Eier, Vollkornbrot und Marmelade aus ökologischer Erzeugung. Der Blick auf die Weser lässt sich dank der besonderen Rundbauweise und der großen Fensterfronten zu jeder Jahreszeit genießen. Im Sommer lädt eine schöne Terrasse zum Verweilen ein, die durch hüfthohe Hecken windgeschützt ist. Im ersten Stock finden in regelmäßigen Abständen Lesungen und Literatur-Events mit durchaus namhaften Autorinnen und Autoren statt, sodass sich das Ambiente auch als Literaturcafé versteht. Neben dem Frühstück gibt es hier schmackhafte warme Speisen und guten Kuchen.

Café Ambiente | Osterdeich 69a | 28205 Bremen
☎ 0421/4 98 95 08 | www.cafe-ambiente.de | Öffnungszeiten: 16.3. bis 14.10. täglich 9–1 Uhr, 15.10. bis 15.3. Mo–Do 9– 0 Uhr, Fr & Sa 9–1 Uhr, So 9–23 Uhr | Bus & Bahn: St.-Jürgen-Straße (Linie 2/3/10)

Café Heinrich ♥♥ ⑩–⑩⑩

Am Rande der Innenstadt, nur einen Steinwurf vom Kennedyplatz und den Wallanlagen entfernt, liegt das Café Heinrich, in das man vor, während oder nach dem Stadtbummel einkehren und – bei gutem Wetter – an einem der Tische draußen sitzen kann. An Schiefertafeln findet ihr die tagesaktuellen Angebote angeschrieben. Besonders schön sind die Zweiertische vorne an der großen Fensterfront, von denen aus ihr die Passanten in den Wallanlagen beobachten könnt.
Auch hier speist man nicht nur vormittags genussvoll:
Ein kleiner, aber feiner Mittagstisch aus überwiegend regionalen Zutaten und der selbstgebackene Kuchen locken auch zu anderen Tageszeiten.

Café Heinrich | Contrescarpe 45 | 28195 Bremen
☎ 0421/3 30 68 04
Öffnungszeiten: Mo–Fr 9–20 Uhr, Sa 11–18 Uhr
Bus & Bahn: Schüsselkorb (diverse), Herdentor (diverse), Rembertiring (Linie 1/4/5/10/25)

Café Wolf ♥ ⑩

Hier gibt es sonntags von 10 bis 14.30 Uhr ein reichhaltiges Frühstücksbuffet, das kaum Wünsche offen lässt. Auch wenn das Ambiente tagsüber nicht recht romantisch anmutet (der Kamin brennt natürlich erst abends) gibt es eine Besonderheit: Man kann Waffeln selbst backen und kleine Waffelherzen an seine/n Liebsten verschenken.
Ein kleineres Frühstücksbuffet erwartet euch samstags von 10 bis 12.30 Uhr.

Café Wolf | Feldstraße 162/Ecke St.-Jürgen-Straße | 28203 Bremen
☎ 0421/70 49 41 | www.cafewolf.de
Öffnungszeiten: täglich ab 10 Uhr
Brunch mit Kaffee samstags für 5,90 € und sonntags für 9,90 €
Bus & Bahn: St.-Jürgen-Straße (Linie 2/3/10);
Klinikum Bremen-Mitte (Linie 25)

Casablanca ♥♥ 10–10 10

Das Casablanca ist eines der alteingesessenen Cafés am Ostertorsteinweg, das nach einer Renovierung vor ein paar Jahren nun in neuem Glanz erstrahlt. Hier gibt es einen großzügigen Wintergarten, der im Sommer auch geöffnet wird und so für eine helle und luftige Atmosphäre sorgt. Wer es richtig urban mag, setzt sich bei gutem Wetter vor das Casablanca auf die Holzbänke an der Hauswand und beobachtet die Besucher und Bewohner des Viertels – so nennt der Volksmund die Stadtteile Ostertor und Steintor – beim Einkaufen und Flanieren. Beeindruckend ist das Frühstücksbuffet sonn- und feiertags (bis 15 Uhr), bei dem das Casablanca alles auffährt, was ein Frühstück ausmachen kann. Eröffnet

wird das Ganze mit einem Glas Sekt.
»Ich seh Dir in die Augen, Kleines ...«

Casablanca | Ostertorsteinweg 59 | 28203 Bremen
☎ 0421/32 64 30 | Öffnungszeiten: Mo–Sa ab 9 Uhr, So ab 10 Uhr
Bus & Bahn: Theater am Goetheplatz (Linie 2/3)

dreijahre

Das Kunst-Gastronomie-Projekt dreijahre (☞ S. 43) bietet am Sonntag von 10 bis 15 Uhr vorzügliche Frühstücksangebote. Bei Regenwetter am besten am gemütlichen Ofen einnehmen.

dreijahre | Fehrfeld 58–59 | 28203 Bremen
☎ 0421/7 90 88 40 | www.dreijahre.org
Öffnungszeiten: Mo–Fr ab 18 Uhr, Sa ab 14.30 Uhr, So ab 10 Uhr
Bus & Bahn: Sielwall (Linie 2/3/10)

Falstaff

Der Tipp für Literaturliebhaber: Im Café der bremer shakespeare company (☞ S. 111) findet einmal im Monat sonntags um 11 Uhr die Veranstaltung »Buffet & Matinee« statt. Dann gibt es Weltliteratur für die Ohren und allerlei köstliche Frühstücksingredenzien für den Magen. »Amor ist ein mächtiger Fürst ...«

Falstaff | Schulstraße 26| 28199 Bremen
☎ 0421/50 02 26 | www.falstaff-bremen.de
Öffnungszeiten: Mo–Sa ab 18 Uhr, So bei Theatervorstellungen
Bus & Bahn: Theater am Leibnizplatz (Linie 4/5/6)

Piano ♥♥ ⑩–⑩⑩

Das Piano bietet nicht nur fantasievolle, sondern auch sehr reichliche Frühstücksvariationen für alle Langschläfer und Spätentschlossenen. Ob italienisches, französisches oder sportliches Frühstück, hier findet ihr bestimmt, wonach euch der Sinn steht. Bei schönem Wetter kann man draußen auf dem belebten Bürgersteig unterm Baum sitzen, sonst drinnen entweder direkt am Fenster an einem der kleinen Zweiertische oder ganz hinten auf der Bank mit Blick auf das gesamte Lokal.

Piano | Fehrfeld 64 | 28203 Bremen
☎ 0421/7 85 46 | Öffnungszeiten: täglich ab 9 Uhr,
Frühstück Mo–Fr bis 16 Uhr, Sa & So bis 17 Uhr
Bus & Bahn: Sielwall (Linie 2/3/10)

Theatro ♥♥ ⑩–⑩⑩

»... aus meiner tiefsten Seele zieht mit Nasenflügelbeben ein ungeheurer Appetit nach Frühstück und nach Leben!« (J. Ringelnatz) – Mit diesem Motto lockt das Theatro

Frühstücksgäste an. Und für Paare wird hier ein besonderes Frühstück geboten: das Heart-Beat-Breakfast für zwei Personen mit einem Glas Sekt pro Person und warmen und kalten Zutaten. Das Ganze kostet 11,90 Euro pro Person. Auch abends vor oder nach den Theaterveranstaltungen lockt das Theatro mit seinen bühnenvorhangroten Sitzmöbeln zahlreiche – auch prominente – Gäste an.

Theatro | Goetheplatz 1–3 | 28203 Bremen
☎ 0421/32 60 80 | www.theatro.de
Öffnungszeiten: Mo–Sa 9–4 Uhr, So 10–1 Uhr, Sonntagsbrunch: 10–14 Uhr
Bus & Bahn: Theater am Goetheplatz (Linie 2/3)

Rotkäppchen ♥♥ ⑩–⑩⑩

Das Rotkäppchen ist für seine gute, frische Küche bekannt (☞ S. 46), aber auch die Frühstücksgedecke wochentags bzw. das Brunch-Buffet am Wochenende sind liebevoll zubereitet und sehr köstlich. Besonders nett sitzt man im Wintergarten (auch wenn es hier im Winter etwas zugig werden kann). Nach einem Gang zum üppigen Brunch-Buffet könnt ihr es euch im hinteren Teil des Lokals unter vielen Kunstwerken gemütlich machen; hinten rechts sitzt man recht schön für sich!

Rotkäppchen | Am Dobben 97 | 28203 Bremen
☎ 0421/7 54 46 | Öffnungszeiten: täglich 10–2 Uhr
Bus & Bahn: Humboldtstraße (Linie 10)

Schlachthofkneipe ♥ ⑩–⑩⑩

Wer sonntags gerne mit dem oder der Liebsten auf dem Flohmarkt auf der Bürgerweide (7–14 Uhr) nach Schätzen sucht, braucht zwischendurch unbedingt eine Stärkung. Das Café des

Kulturzentrums Schlachthof öffnet an Flohmarkt-Sonntagen extra eine Stunde früher und bietet leckere Frühstücksspezialitäten im Turm des alten Schlachthofs.
Nach Pächter-Wechsel und dezenter Renovierung zeigt sich die Schlachthofkneipe in neuem Glanz. Auf der Empore über der Theke kann man etwas abgeschieden sitzen.

Schlachthofkneipe | Findorffstraße 51 | 28215 Bremen
☎ 0421/37 16 61 | www.schlachthofkneipe.de
Öffnungszeiten: Mo–Fr 16–1 Uhr, Sa ab 16 Uhr, an Flohmarkt-Sonntagen 9–1 Uhr, an allen anderen Sonntagen ab 10 Uhr
Bus & Bahn: Daniel-von-Büren-Straße (Line 10/63s), Theodor-Heuss-Allee (Linie 25)

Waldbühne ♥♥ ⑩–⑩⑩

Die Waldbühne ist ein schönes Ziel für einen morgendlichen Spaziergang durch den Bürgerpark. Anlässlich der Nordwestdeutschen Gewerbe- und Industrieausstellung von einer Bremer Zigarrenfirma 1890 erbaut, wurde der Holzpavillon an die heutige Stelle versetzt und war im Besitz des Bürgerparkvereins als Waldschlösschen zunächst Aufseherhäuschen und Ausschank in einem. 1976 benannte der betreibende Gastronom die Gaststätte in Waldbühne um. Vielleicht macht ihr euch vom Stern, dem Kreisel am Südende des Bürgerparks, aus auf den Weg durch den erwachenden Bürgerpark, schlendert an letzten Nebelbänken und glitzernden Tautropfen auf den Wiesen vorbei und lasst euch dann bei schönem Wetter auf dem urigen Holzmobiliar nieder. Allerdings: Im Sommer herrscht hier Hochbetrieb, nicht zuletzt weil die Waldbühne von Ostern bis September ab 11 Uhr einen Jazz-Frühschoppen anbietet.

Waldbühne | Parkallee |28209 Bremen
☎ 0421/21 74 15 | www.waldbuehne.com
Öffnungszeiten: Apr bis Okt: täglich ab 12 Uhr, Sa ab 11 Uhr, So ab 10 Uhr; Nov bis Mär: Mo, Do–So 12–19 Uhr
Bus & Bahn: Parkallee (Linie 22), Am Stern (Linie 6/8)

Cafés

Kaffee trinken könnt ihr natürlich auch in allen genannten Frühstückscafés – aber Bremen hat noch mehr zu bieten! Als Hochburg des Kaffee- und Teehandels beherbergt die Stadt an der Weser Kaffeehäuser und Teestübchen, schicke Kaffeebars und sogar eine historische Kaffeemühle.

Knigge Café der Konditorei Knigge

Mitten in der belebten Sögestraße liegt das urbremische Café Knigge, in dem ihr Gebäckspezialitäten wie die legendäre Kapuzinertorte und Marzipantorten mit typischen Bremer Motiven essen könnt. Im Sommer könnt ihr hier mitten in der Fußgängerzone sitzen. Wunderbarer Ort, um das Treiben der Passanten anzugucken – drinnen geht es etwas gediegener zu.

Konditorei Knigge | Sögestraße 42/44 | 28195 Bremen
☎ 0421/1 30 60 oder 1 37 13 | www.knigge-shop.de
Öffnungszeiten: Mo–Sa 8.30–18.30 Uhr, So 11–18 Uhr
Bus & Bahn: Obernstraße (2/3), Schüsselkorb (diverse)

Kleine Konditorei und Raths-Konditorei

Die Traditionskonditorei Stecker betreibt seit über 100 Jahren zwei Cafés mitten in der Altstadt. In einer Seitenstraße liegt die Kleine Konditorei in einem schönen alten Gebäude mit einer Fassade aus dem 18. Jahrhundert und gemütlichem Biedermeierambiente auf zwei Etagen. Und in der Raths-Konditorei, wo ihr im Souterrain recht kuschelig sitzen könnt, gibt es Torten und Kuchen »erster Sahne«.

Für die süßen Sünden könnt ihr auch Ich-liebe-Dich-Gutscheine verschenken.
Tipp: In der Raths-Konditorei entweder mitten im Geschehen auf dem Marktplatz oder drinnen in der Sofaecke sitzen.

Die kleine Konditorei | Knochenhauerstraße 14 | 28195 Bremen
☎ 0421/1 25 93 | www.konditorei-stecker.de
Öffnungszeiten: Mo–Fr 8–18.30 Uhr, Sa 8–18 Uhr, So 13–18 Uhr
Bus & Bahn: Schüsselkorb (diverse)
Raths-Konditorei | Am Markt 11 | 28195 Bremen
☎ 0421/1 25 93 | www.konditorei-stecker.de
Öffnungszeiten: Okt bis Apr Mo–Sa 10–18 Uhr, So 13–18 Uhr,
Mai bis Sep 10–18 Uhr
Bus & Bahn: Domsheide (diverse), Obernstraße (2/3), Schüsselkorb (diverse)

Teestübchen ♥♥♥ im Schnoor ⑩

Etwas versteckt und winzig klein liegt das Teestübchen in einer der jahrhundertealten Gassen des Schnoor-Viertels. Durch das Teegeschäft im Erdgeschoss gelangt ihr über eine steile enge Treppe in den ersten Stock. Oben angelangt solltet ihr euch einen Platz an einem kleinen Tisch am Frontfenster sichern und hier aus einer Vielzahl von Teesorten wählen. Während ihr kleine Kringel und Liebeswölkchen aus Sahne im schwarzen Tee aufsteigen lasst – die ostfriesische Teezeremonie zeigt euch die freundliche Bedienung gerne –, habt ihr einen wunderschönen Blick auf Bremens ältestes Viertel.

Schnoor-Handelskontor / Teestübchen | Wüstestätte 1 | 28195 Bremen
☎ 0421/32 38 67 | www.schnoor-handelskontor.de
Öffnungszeiten: Mo–Fr 10.30–19 Uhr, Sa 10.30–20 Uhr, So 11–18 Uhr
Bus & Bahn: Domsheide (diverse)

Café Tölke ♥♥♥ ⑩

Das behagliche Café im Schnoor-Viertel ist ein beliebter Anlaufpunkt für den nachmittäglichen Stadtbummel. Hier haben die Bedienungen noch Schürzen um und servieren euch Kaffee und Sachertorte ganz im Wiener Kaffeehausstil.
Tipp: Ihr solltet versuchen, die Plätze auf dem heiß begehrten roten Samtsofa zu ergattern. Dann fühlt ihr euch nicht nur sofort in Großmutters Zeiten versetzt, sondern ihr sinkt auf der weichen, ausgesessenen Couch auch prompt so tief ein, dass ihr unweigerlich ganz nah zusammenrutscht …

Café Tölke | Schnoor 23a | 28195 Bremen
☎ 0421/32 43 30 | www.derschnoor.de/cafe-toelke
Öffnungszeiten: täglich 10–23 Uhr
Bus & Bahn: Domsheide (diverse)

Kaffeehaus am Emmasee ♥♥ ⑩

Wer im Bürgerpark an Minigolfanlage und Bootsanleger vorbeispaziert, dem fällt sofort das Kaffeehaus am Emmasee mit seinen über den See ragenden Gasträumen ins Auge. In diesem gediegenen Kaffee könnt ihr an den weiten Fensterfronten aufs Wasser schauen und den Ruderbooten zusehen. Im Sommer empfiehlt sich in jedem Fall die Terrasse.

Kaffeehaus am Emmasee | Im Bürgerpark | 28209 Bremen
☎ 0421/34 42 41 | Öffnungszeiten: Di–So 10–22 Uhr
Bus & Bahn: Am Stern (Linie 6/8)

Kaffeemühle am Wall ♥♥♥ ⑩

Die majestätische Mühle am Wall in der Innenstadt, besser als Kaffeemühle bekannt, beherbergt seit über zehn Jahren ein Café, das während eines Innenstadtbummels eine sehr schöne Anlaufstelle ist. Mit Blick auf die Wallanlagen und die fantasievollen Blumenpflanzungen zu Füßen der Mühle könnt ihr hier im Grünen ausruhen.
Tipp: Drinnen in den Sesseln auf der Empore sitzen; bei gutem Wetter draußen unter den wuchtigen Flügeln und mit Blick auf die grünen Wallanlagen.

Kaffeemühle | Am Wall 212 | 28195 Bremen
☎ 0421/1 44 66 | www.muehle-bremen.de
Öffnungszeiten: Sep & Apr: Mo–Fr ab 10.30 Uhr, Sa & So ab 9.30 Uhr; Okt bis Mär: Mo–Fr ab 12 Uhr, Sa & So ab 9.30 Uhr; Mai bis Aug: täglich ab 9.30 Uhr | Bus & Bahn: Herdentor (diverse)

Kaffeehaus im Viertel ♥ ⑩

In diesem netten Kaffeehaus im Steintorviertel ist es ruhig und angenehm. Im Sommer könnt ihr – etwas weniger ruhig – auf dem Bürgersteig im städtischen Gewusel sitzen. Sehr zu empfehlen ist der Mokka-Latte sowie die nussige Wuchttorte, die ihr in Ruhe im hinteren Teil des kleinen Cafés in der roten Polsterecke genießen könnt.

Kaffeehaus im Viertel | Vor dem Steintor 50 | 28203 Bremen
☎ 0421/7 90 96 66
Öffnungszeiten: Mo–Sa 7–22 Uhr (im Sommer) und 8–22 Uhr (im Winter), So ab 9 Uhr | Bus & Bahn: Sielwall (Linie 2/ 3/10)

Café Engel ♥♥ ⑩

Dieses Café in einer ehemaligen Apotheke ist ein Ort für sämtliche Genüsse vom Morgenkaffee bis zum Feierabendbier. Das alte Holzmobiliar und die dem Namen verpflichteten Putten an der Wand sorgen für Gemütlichkeit.
Tipp: Für sich und doch mit guter Sicht auf die Flaneure sitzt man drinnen an einem der kleinen Zweiertische an der begrünten Fensterfront zum Ostertorsteinweg (genannt: O-Weg) hin. Im Sommer könnt ihr unter den Bäumen auf dem belebten Ulrichsplatz sitzen – allerdings ist es hier recht trubelig. Wer Abgeschiedenheit sucht, ist auf den Bänken direkt an der Hauswand besser aufgehoben.

Café Engel | Ostertorsteinweg 31/33 | 28203 Bremen
☎ 0421/7 66 15
Öffnungszeiten: täglich ab 10 Uhr
Bus & Bahn: Wulwesstraße (Linie 2/3)

Café Sand ⑩

Das Café Sand ist im Sommer einer der beliebtesten Gastronomie-Orte in der Bremer Innenstadt. Hier treffen sich junge Familien und verliebte Paare, rausgeputzte alte Damen und quirlige Jugendliche, um etwas zu trinken, vom Strand aus bis zu den Knien in die Weser zu steigen, Beach Volleyball bis in die Abendstunden zu spielen oder in Ruhe in einem der Strandkörbe zu sitzen. Besonders charmant macht den Besuch die Überfahrt mit der kleinen Weser-Fähre Hal Över (☞ S. 93), die zwischen dem Osterdeich und Café Sand hin- und herpendelt.

Café Sand | Strandweg 106 | 28201 Bremen
☎ 0421/55 60 11 | www.cafe-sand.de
Öffnungszeiten: täglich ab 10 Uhr,
im Winter: Sa ab 12 Uhr, So ab 10 Uhr
Bus & Bahn: Sielwall (Linie 2/3, dann Fähre),
Wilhelm-Kaisen-Brücke (Linie 4/5/6/8/24)

Katzen-Café ♥♥ ⑩–⑩⑩

»Miau miau, hörst du mich schreien,
miau miau, ich will dich freien ...«
Keine Bange, Katzenjammer gibt es im traditionsreichen Katzen-Café im Schnoor nicht. Ganz im Gegenteil: Gehobene Küche und stimmungsvolles Ambiente für den nachmittäglichen Kaffee oder ein Abendessen werden im Katzen-Café geboten. Am besten im Sommer draußen gut geschützt auf der tief liegenden Terrasse sitzen.

Katzen-Café | Schnoor 38 | 28195 Bremen
☎ 0421/32 66 21 | www.katzen-cafe.de
Öffnungszeiten: täglich von 12–0 Uhr, Mittagstisch von 12–15 Uhr, Abendküche von 18–23 Uhr | Bus & Bahn: Domsheide (diverse)

Café 11 ♥ ⑩

Zentral in der Violenstraße gelegen, findet ihr das gemütliche Café 11, das mit diversen Eissorten, Kleinigkeiten zur Mittagzeit und besonders empfehlenswertem, hausgebackenem Kuchen aufwarten kann. Während es sich draußen auf dem Bürgersteig nicht so gut sitzen lässt, warten drinnen einige wenige Tische in urigem Ambiente (der Tresen ist stolze 100 Jahre alt!) auf euch. Der Tisch hinten an der Spiegelwand bietet sich für verliebte Paare besonders an.

Café 11 | Violenstraße 11 | 28195 Bremen
☎ 0421/2 44 38 71
Öffnungszeiten: Mo–Fr 9–19 Uhr
Bus und Bahn: Domsheide (diverse)

Atrium Feinkost ♥♥ ⑩

Der Feinkostladen Atrium im Steintor ist schon an sich einen Besuch wert. Hier gibt es traumhafte Cantuccini, italienische Dolci und andere süße Träume. Doch wer nach hinten durchgeht oder rechts an dem Geschäft vorbei durch den Toreingang tritt (achtet mal auf den Boden, dort glitzert Stern- oder Engelskonfetti zwischen den Steinen!), der kommt in einen lauschigen Innenhof, in dem man herrlich sitzen und Kaffee und Kuchen genießen kann. Und wer es ein wenig spirituell mag, kann sich gleich im Esoterik-Laden SteinReich mit Engelskarten oder Rosenquarz, dem Stein der Liebe, eindecken.
Tipp: Im Atrium könnt ihr je nach Saison eine besonders romantische Spezialität kaufen: Schokoladenherzen bester Qualität mit einer besonderen Liebesbotschaft im Innern. Keine Glückskekse also, sondern richtige Liebesherzen!

Atrium Feinkost | Vor dem Steintor 34 | 28203 Bremen
☎ 0421/70 23 23 | www.atrium-bremen.de
Öffnungszeiten: Laden: Di–Sa 10–20 Uhr, Bistro: Di–Sa 10–24 Uhr
Bus & Bahn: Sielwall (Linie 2/3/10)

Wem der Sinn nach einem Liebesbecher im Eiscafé steht, der kann sich von den Bremer Gelati-Spezialisten nach allen Regeln der Kunst verwöhnen lassen.

Ferrari 

Die Betreiber dieses Eiscafés im Steintor sind Nachfahren der Familie Chiamulera, die in Bremen eine wahre Eisdynastie begründet haben. 1902 kam Giovanni Chiamulera nach Bremen und schob seinen kleinen Eiswagen durch die Straßen. Im »Tschia« kauften schon Generationen von Bremern ihr italienisches Eis. Heutzutage gibt es auch moderne Eissorten: Wie wär's mit einer feurig-süßen Schokoladen-Chili-Eiskugel im kleinen Gärtchen hinter der Eisdiele? Leider ist der Coppa Amore nicht zu empfehlen – Dosenfrüchte und Kitschdeko. Schade.

Ferrari | Vor dem Steintor 110 | 28203 Bremen
☎ 0421/7 37 98
Öffnungszeiten: Mo–Sa 10–23 Uhr, So 11–23 Uhr
Bus & Bahn: Brunnenstraße (Linie 2/3/10)

Das Eislabor ♥ ⑩

Im Eislabor gibt es Eis, das ihr so schnell nicht vergessen werdet! Ungewöhnliche Eissorten werden hier täglich neben den Klassikern angeboten, sodass man sich immer wieder überraschen lassen kann: Honig-Sesam, Erdbeer-Pfeffer, Ananas-Basilikum ...

Wer hier nach einem Liebesbecher fragt, bekommt eine fröhliche Antwort: Die freundlichen Bedienungen zeigen euch einen kitschigen Keramikbecher, der noch von den Vorbesitzern übrig geblieben ist. Augenzwinkernd bieten sie euch an, diesen nach euren Wünschen zu füllen ... Lasst euch verwöhnen!

Kleiner Wermutstropfen: Der Name der Eisdiele ist Programm. Die Einrichtung ist ziemlich lieblos gestaltet, der Außenbereich wird vom Verkehr umtost. Verliebte sollten ihr Eis eher mitnehmen und sich ein ruhiges Plätzchen suchen. Vielleicht habt ihr Lust, die Verdener Straße bis zum Osterdeich hinunterzulaufen, dann nach rechts abzubiegen und irgendwo an der Weser Rast zu machen?

Eislabor
Am Schwarzen Meer 152
28205 Bremen
☎ 0421/8 35 62 19
Öffnungszeiten:
Mo–Sa 10–22, So 11–22 Uhr
Bus & Bahn: Am Hulsberg (Linie 2/10)

Ob romantisch-plüschig, typisch bremisch oder exklusiv mit Haute Cuisine – in Bremens Gastronomieszene werdet ihr sicher fündig!

Kleine Snacks:

Tapas, Suppen und Co.

Aioli

♥♥ (10)–(10)(10)(10)

Im schnuckeligen Schnoor liegen kleine Restaurants, in denen man nett sitzen und schlemmen kann. Das Aioli ist im Erdgeschoss im Stil einer spanischen Tapas-Bar eingerichtet – am besten sitzt ihr dort an der Theke und wählt direkt aus dem reichhaltigen Tapasangebot aus.

Aioli | Schnoor 3 | 28195 Bremen

☎ 0421/32 38 39 | www.aioli-bremen.de

Öffnungszeiten: Mo–Fr 18–1 Uhr, Sa & So 12–1 Uhr

Bus & Bahn: Domsheide (diverse)

Carvalho ♥♥ ⑩–⑩⑩⑩

Etwas versteckt liegt das Carvalho in unmittelbarer Nähe zum Schnoor-Viertel und wartet als eine der ersten Tapas-Bars in Bremen seit einigen Jahren mit spanischen Speisen auf. Im Keller gelegen erscheint es einem wie ein überdimensionales Fernsehstudio: mit quietschig-kitschigen Farben an den Wänden, tiefroten, knautschigen Polsterbänken an der Wand entlang und Deckenlampen, die sich wie verschlungene Lianen unter der Decke entlang ranken.

Carvalho | Kolpingstraße 14 | 28195 Bremen
☎ 0421/3 36 50 80
Öffnungszeiten: Mo–So 18.30 Uhr bis Thekenschluss, Küche bis 0 Uhr
Bus & Bahn: Domsheide (diverse)

★ *Kleines zum Genießen und Mitnehmen: Sushi oder Suppe*

Bremen hat natürlich auch einige Sushi-Bars zu bieten. Tipp von einem verliebten Paar: In der Innenstadt bei der Sushi Factory in der Knochenhauerstraße Sushi einpacken lassen und sich ein schönes Plätzchen suchen. Warum nicht mal Sushi an der Schlachte auf den Ufertreppen neben der Teerhofbrücke mit Blick auf die Weser genießen? Oder mittags eine der hervorragenden, täglich frisch zubereiteten Suppen aus emmis Suppenbar (im ehemaligen Polizeigebäude, also dort, wo auch die Zentralbibliothek untergebracht ist) erstehen und auf einer Parkbank in den Wallanlagen warme Suppe löffeln?

Sushi Factory ❤ ⑩⑩–⑩⑩⑩

Knochenhauerstraße 11 | 28195 Bremen
☎ 0421/163 37 74 | www.sushi-factory.com
Öffnungszeiten: Mo–Do 12–22.30 Uhr,
Fr & Sa 12–24 Uhr, So 17–22.30 Uhr | Bus & Bahn: Herdentor (diverse)

emmi - die suppenbar ❤ ⑩

Am Wall 201 | 28195 Bremen
☎ 0421/2 22 54 27 | www.emmi-suppenbar.de
Öffnungszeiten: Mo–Fr 10–19 Uhr, Sa 10–16 Uhr
Bus & Bahn: Schüsselkorb (diverse)

Braunkohl und Knipp:

Bremisches liebevoll zubereitet

Ob Kohl und Pinkel oder Knipp, ob Labskaus oder Beck's Bier – Bremen hat kulinarisch durchaus etwas vorzuweisen. Wenn für euch zu einem romantischen Essen auch deftige Speisen und gutbürgerliche Küche gehören können, dann werdet ihr in den folgenden Gasthäusern auf eure Kosten kommen.

Der Bremer Ratskeller

Während sich die Bremer Stadtmusikanten links neben dem gotischen Seitenportal des Rathauses tagaus, tagein die Beine in den Bauch stehen, könnt ihr auf der rechten Seite in den

Ratskeller gehen. Eine goldene Inschrift weist auf das wohl bremischste aller Restaurants hin. Über eine Treppe gelangt ihr in die historische Halle, die durch ihre Säulen und die großen Schmuckfässer an den Wänden beeindruckt. Geht man rechts herum weiter, kann man in die untere Halle mit dem fröhlichen kleinen Bacchus auf einem Holzfass schauen. Es ist übrigens noch nicht lange her, da gab es im Ratskeller nur Wein und kein Bier zu trinken! Sehr schön (allerdings häufig in Begleitung von Touristengruppen) sitzt man in der großen Halle an Holztischen und wird von freundlichen Bedienungen in Tracht umsorgt.
Unbedingt sehenswert – wenn ihr nicht durch einen schönen Zufall dort einen Platz ergattert, solltet ihr hier unbedingt reservieren – sind die sogenannten Priölken rechter Hand. Bei den Priölken handelt es sich um seitliche Holzverschläge, die an einem runden Tischchen Platz für bis zu fünf Personen gewähren. Allerdings verlangt es die historische Hausordnung, dass bei nur zwei Gästen die Türen nicht geschlossen werden. Wolfgang Jarchow, Lothar Klimek und Oskar Weldman beschreiben das in ihrem Buch »Bremisches« so: »Ne Priölke is

nämlich kein Schammbre seepareh. Schammbre seepareh is mehr die französische Aat, die aber inner Priölke nich sein soll. Und darum is ›Tür zu‹ inner Priölke abselut nich erlaubt, wenn der Herr da mit der Dame alleine is. Bei ›Tür zu‹ muß man mindestens zu dritt sein. Damit nix los is, wenn einer reinkommt.«

Tipp: Wer mag, kann auch im angeschlossenen Weinhandel des Ratskellers auf der Rückseite des Rathauses Wein für zu Hause kaufen und aus dem »weltweit größten Sortiment deutscher Qualitätsweine« auswählen!

Bremer Ratskeller | Am Markt | 28195 Bremen
☎ 0421/32 16 76 | www.ratskeller-bremen.de
Öffnungszeiten: Mo–So 11–24 Uhr, Küche bis 14.30 Uhr, abends 18–22 Uhr, einziger Ruhetag: Neujahr
Bus & Bahn: Domsheide (diverse), Obernstraße (Linie 2/3)

Gasthaus Zur Schleuse

Die Schleuse ist nicht nur als Ausflugs- und Kaffeelokal sehr zu empfehlen (☞ S. 82). Hier sitzt ihr in einem urigen reetgedeckten Bauernhaus direkt am Wümmedeich und könnt euch mit hervorragenden Bratkartoffeln, kross angebratenem Knipp, frischem Fisch aus Bremerhaven oder köstlichen Wildgerichten verwöhnen lassen. Im Sommer könnt ihr herrlich auf der Terrasse mit Blick auf die Wümme sitzen.

Gasthaus Zur Schleuse | Truperdeich 35 | 28865 Lilienthal
☎ 04298/20 25 | www.geffken-zur-schleuse.de
Öffnungszeiten: Mi–So 11–24 Uhr, Mai–Sep auch Di 11–24 Uhr, Küche 12–22 Uhr | Anfahrt von Bremen mit dem Auto

Borgfelder Landhaus

In diesem Landhaus geht es zünftig zu: selbstgebrautes Bier, gute bremische Küche mit nordischen Fisch- und Fleischgerichten (auch hier sind Braunkohl und Knipp sehr zu empfehlen!) und ein Gastraum, in dem die schönen alten, blankpolierten Braukessel stehen – das alles zeichnet das Borgfelder Landhaus aus. Laut wird es hier zur Braunkohlzeit, da hier etliche Kohlfahrten enden und mit Tanz und Trunk auf dem Saal begangen werden. Im Winter besser wochentags abends kommen. Für ein wenig Ruhe sucht ihr euch am besten einen Platz am Fenster.

Borgfelder Landhaus | Warfer Landstraße 73 | 28357 Bremen
☎ 0421/2 77 71 47 | www.borgfelder-landhaus.de
Öffnungszeiten: Mo–Sa 12–0 Uhr (Küche bis 23 Uhr), So 12–22 Uhr (Küche bis 22 Uhr) | Bus & Bahn: Warfer Landstraße (Linie 30/630/670/668)

Kleiner Olymp im Schnoor

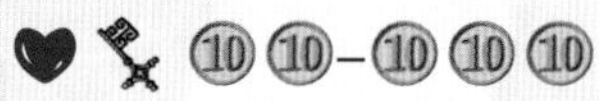

Im Schnoor findet ihr den urigen, etwas dunklen Kleinen Olymp, in dem es deftige bremische Küche und Fischgerichte gibt, wie etwa Matjes nach Saison. Hier könnt ihr auch das bremische Schnoorbräu-Bier trinken. In Zusammenarbeit mit dem Hochzeitshaus serviert der Kleine Olymp euch ein romantisches Candle-Light-Dinner.

Kleiner Olymp | Hinter der Holzpforte 20 | 28195 Bremen
☎ 0421/32 66 67 | www.kleiner-olymp.de
Öffnungszeiten: täglich ab 11 Uhr (Küche bis 23 Uhr)
Bus & Bahn: Domsheide (diverse)

Jürgenshof ♥♥ 🗝 ⑩⑩–⑩⑩⑩

Zwischen Weserstadion und »Erdbeerbrücke«, wie die Bremer die Karl-Carstens-Brücke liebevoll nennen, liegt die Pauliner Marsch, und mitten in der Pauliner Marsch liegt der Jürgenshof. Der reetgedeckte Hof hat eine wunderschöne Terrasse, auf der man ins Grüne und in die funkelnden Sterne sehen kann. Aber auch im Restaurant ist es gemütlich-rustikal. Die Küche ist gutbürgerlich bis mediterran, die Preise sind etwas gehobener. Freut euch auf »ländliche Idylle inmitten der Stadt Bremen«. *Tipp:* Ein empfehlenswerter Ort für eine Hochzeitsfeier! (☞ S. 222)

Jürgenshof Café & Restaurant | Pauliner Marsch 1 | 28205 Bremen
☎ 0421/44 10 37 | www.juergenshof.com | Öffnungszeiten: täglich 9–23 Uhr
Bus & Bahn: Stader Straße/Hamburger Straße (Linie 3/22)

Vielstedter Bauernhaus ♥♥ Dat Vielstedter Burnhus ⑩⑩–⑩⑩⑩

Wer norddeutsche Bauernhausromantik liebt, ist in Vielstedt/Hude, etwa 20 km von Bremen entfernt, genau richtig: In einem urigen alten Gasthaus, das seit Generationen geführt wird, bieten Saal, Kegelbahn und Klubräume Platz für Men-

schen aus Nah und Fern. Wer ein bisschen für sich sein möchte, reserviert einen ruhigen Tisch. Das angeschlossene kleine Museum lässt alte Zeiten wieder aufleben. Übrigens: Wenn es früher kalt war, drehte man nicht die Heizung an, sondern kuschelte sich eng aneinander ...
Tipp: Ein besonders schöner Ort für eine Hochzeitsfeier, wenn man es ländlich und klassisch mag!

Vielstedter Bauernhaus | Am Bauernhaus 1 | 27798 Hude
☎ 04408/3 69 | www.vielstedter-bauernhaus.de
Öffnungszeiten: Mo–Mi, Fr & Sa ab 14 Uhr, So ab 11 Uhr

Worpsweder Bahnhof

Hier gibt es fantasievolle regionale Küche: Buchweizenpfannkuchen, Kohl & Pinkel oder »Wild mal ganz zahm«. In diesem Jugendstilbahnhof, der vom Worpsweder Künstler Heinrich Vogeler entworfen wurde, findet ihr die anregende Verbindung von rustikaler und mediterraner Küche und gehobenem Anspruch. Wer möchte, dass es knistert, sollte sich einen Tisch im Raum der II. Klasse suchen, denn hier prasselt im Winter ein gemütliches Feuer im Kamin.

Worpsweder Bahnhof | Bahnhofstraße 17 | 27726 Worpswede
☎ 04792/10 12 | www.worpsweder-bahnhof.de
Öffnungszeiten: täglich 12–24 Uhr und länger, Okt & Nov: Mo&Di Ruhetag

Italienisch & Maritim

»When the moon hits your eye, like a big pizza pie, that's amore ...«
Ein Abendessen beim Italiener um die Ecke mit Pasta und Amore ist immer gut für eine Extra-Portion Romantik.

Al Dente ♥ ⑩–⑩⑩

Ein kleines italienisches Restaurant mit freundlichem Personal, weiß verputzten Wänden und ruhigem Ambiente. Die freundliche Bedienung bringt zunächst ein Pärchen Bruschetta, dann könnt ihr bei gutem Rotwein die schmackhaften Pizzen genießen. Besonders empfohlen sei die reichlich belegte Lachs-Spinat-Pizza. Im Sommer kann man sehr nett auf der lauschigen Terrasse sitzen.

Al Dente | Feldstraße 19 | 28203 Bremen
☎ 0421/7 50 05
Öffnungszeiten: täglich ab 18 Uhr, Küche 18–23 Uhr
Bus & Bahn: Dobbenweg (Linie 25), Parkstraße (Linie 1/4/5)

Feuerwache in Walle ♥ ⑩–⑩⑩

Die Feuerwache im Waller Holzhafen ist ein ganz besonderer Ort, um in maritimem Ambiente italienische Küche zu genießen. Im Sommer kann man sich auf die gepolsterten Bänke direkt am Hafenbecken setzen und dort zu zweit gemütlich aufs Wasser gucken. Drinnen sitzt man in der ehemaligen Wagenhalle der Feuerwehr an schönen Holztischen. Vor allem die Pizza ist hier empfehlenswert.

Restaurant Feuerwache | Waller Stieg 5 | 28217 Bremen
Telefon: 0421/3 80 38 08 | www.restaurant-feuerwache.de
Öffnungszeiten: Mo–Fr ab 11 Uhr, Küche 12–22.30 Uhr,
Sa Küche 17–22.30 Uhr, So Küche 13–23 Uhr
Bus & Bahn: Speicher XI (Linie 26), Waller Ring (Linie 3/26)

La Fattoria ♥ 10 – 10 10 10

Im gutbürgerlichen Schwachhausen in der belebten Wachmannstraße liegt die Fattoria, in der man nicht nur toskanische Spezialitäten kaufen, sondern sich auch wunderbar bekochen lassen kann. Besonders beliebt ist das Lokal mittags und am Nachmittag, dann lassen sich die hungrigen Gäste in den hellen Räumen oder draußen auf Terrasse auf dem Bürgersteig nieder. Nicht unbedingt ein heimelig-romantisches Restaurant, aber eine gute Gelegenheit für ein schönes Glas Wein und gutes Essen in der Nähe des Bürgerparks.

La Fattoria | Wachmannstraße 52 | 28209 Bremen
☎ 0421/7 94 90 77 | www.la-fattoria.de
Öffnungszeiten: Mo–Fr 9–22 Uhr, Sa 9–15 Uhr
Bus & Bahn: Bulthauptstraße (Linie 8), Am Stern (Linie 6/8)

Sorrento   

Das Ristorante Sorrento ist der typische Italiener an der Ecke – ein gemütliches Restaurant an der viel befahrenen Bismarckstraße. Viele Stammgäste kommen gerne hierher und lassen sich verwöhnen. Sucht euch einen kleinen Zweiertisch: Salute!

Sorrento | Ristorante & Pizzeria
Bismarckstraße 5 | 28203 Bremen
☎ 0421/7 29 28 | www.sorrento-bremen.de
Öffnungszeiten: Mo–Fr 12–14.30 Uhr und 18–23 Uhr, Sa & So 18–24 Uhr
Bus & Bahn: Dobbenweg (Linie 25), Parkstraße (Linie 1/4/5)

Spaghetti-Haus

»Nudeln machen glücklich!« Damit wirbt das Spaghetti-Haus in der Nähe des Marktplatzes in der renovierten und neu belebten Langenstraße. An Holztischen auf roten Sitzkissen kann man frische und fantasievolle Pasta in diversen Variationen genießen. Zur Mittagszeit und im glasüberdachten Atrium kann es hier recht trubelig zugehen, deshalb besser abends herkommen.

Tipp: Das Romantik-Dinner. An einem romantisch gedeckten und mit Kerzenschein beleuchteten Tisch könnt ihr nach einem Begrüßungscocktail ein Drei-Gang-Menü nebst einer Flasche Hauswein und Mineralwasser für 32,50 Euro pro Person genießen. Bitte vorher reservieren!

Spaghetti-Haus | Langenstraße 2-4 | 28195 Bremen
☎ 0421/165 18 18 | www.spaghetti-haus.de
Öffnungszeiten: täglich 11–0 Uhr
Bus & Bahn: Obernstraße (Linie 2/3)

delano ♥ ⑩–⑩⑩⑩

Dieser schickere Italiener befindet sich in der Innenstadt zwischen Sögestraße und dem Liebfrauenkirchhof. Hier ist besonders die Pizza sehr zu empfehlen, die als Pizza della casa einen Durchmesser von 60 cm hat und damit auch den ganz großen Hunger stillen kann. Sehr gut besucht ist das delano zum Mittagstisch, sodass es hier auch mal hektisch werden kann. Lieber für abends einen Tisch reservieren!

delano | Queerenstr. 1 | 28195 Bremen
☎ 0421/3 38 74 00
www.delano-restaurant.de
Öffnungszeiten: Mo–Sa ab 12 Uhr, So ab 10 Uhr
Bus & Bahn: Schüsselkorb (diverse)

Fährhaus Farge ♥♥ ⑩–⑩⑩⑩

Die Unterweser vor Augen und fangfrischen Fisch auf dem Teller – das bekommt ihr in Bremen Farge! Im Fährhaus mit dem markanten schwarz-weißen Turm könnt ihr mit traumhaftem Blick aufs Wasser an der großen Fensterfront oder bei gutem Wetter auf der Terrasse speisen. Mittels Schiffsbegrüßungsanlage werden die vorbeischippernden Schiffe aus der ganzen Welt willkommen geheißen.

Fährhaus Farge
Wilhelmshavener Straße 1 | 28777 Bremen-Farge
☎ 0421/68 86 00 | www.faehrhaus-farge.de
Öffnungszeiten des Restaurants: Mo–So 12–15 Uhr, 18–23 Uhr (außer 24. 12.)
Bus & Bahn: Betonstraße (Linie 71)

Natusch ♥ ⑩⑩–⑩⑩⑩

Das Natusch ist *das* Fischrestaurant in Bremerhaven, nur einen Steinwurf von den Auktionshallen im Fischereihafen entfernt. Dort sitzt man in einem urigen Restaurant, das vom »Kapitänszimmer« bis zum kleinen »Kutter Hai 1« Räume in maritimem Flair bietet. Hervorragende Fischspezialitäten erwarten euch! *Tipp:* Im Sommer auf der Terrasse »Sonnendeck« unter weißen Sonnensegeln speisen – und dort vielleicht alles für den Hafen der Ehe vorbereiten ...?

Natusch Fischereihafen-Restaurant | Am Fischbahnhof 1
27572 Bremerhaven | ☎ 0471/71 0 21 oder 22 | www.natusch.de
Öffnungszeiten: täglich 11.45–15 Uhr und 17.30–22 Uhr,
Montag Ruhetag (außer an Feiertagen)
Bus & Bahn: mit der Regionalbahn zum Bremerhavener Hauptbahnhof, dann Bus 504 bis Am Fischbahnhof

Beck's zur Glocke
Sommernächte im Glockengarten

♥♥♥ ⑩⑩–⑩⑩⑩

Wer nach dem Besuch im Bibelgarten (☞ S. 78) zwischen Dom und Konzerthaus Glocke oder vor einem Konzert noch eine Stärkung vertragen kann, der ist im Beck's zur Glocke gut aufgehoben. In dieses Restaurant kann man durch den Garten oder auch durch das Konzerthaus selbst gelangen. Das mintfarbene Mobiliar ist Geschmackssache (wenn auch passend zum Konzertsaal); ein herrlicher Ort im Sommer aber ist der Außenbereich! Hier, im hinteren Teil des Bibelgartens, dem sogenannten Glockengarten, sitzt man mit Blick auf das jahrhundertealte Domgemäuer im Grünen. Das freundliche Personal versorgt euch mit mediterranen und deutschen Gerichten.

Beck's zur Glocke | Domsheide 6–8 (A) | 28195 Bremen
☎ 0421/36 68 88
Öffnungszeiten: Okt bis Apr jeweils zu den Konzertveranstaltungen ab 1 Std. vor Einlass, Mai bis Sep täglich 12–23 Uhr, Mo Ruhetag
Bus & Bahn: Domsheide (diverse)

Bombay ♥ ⑩–⑩⑩⑩

Dieses indische Restaurant muss einem wirklich empfohlen werden, denn es liegt an einer stark befahrenen zentralen Verkehrsachse und sieht von außen auf den ersten Blick nicht sehr einladend aus. Aber innen werdet ihr von einem überaus freundlichen Team bedient, und auch das Essen lässt keine Wünsche offen (wie wär's mal mit dem üppigen »Indischen Hochzeitsbuffet« für zwei?). Die indischen Spezialitäten aus dem Tandoor Ofen sind hervorragend. Heinz Holtgrefe, der Gourmetwegweiser für Bremer Mittagstische, schrieb im Weser-Kurier: »Das Bombay bietet indische Küche zum Verlieben.«

Bombay | Daniel-von-Büren-Straße 29 | 28195 Bremen
☎ 0421/17 05 96 | www.bombay-restaurant.de
Öffnungszeiten: täglich ab 17.30 Uhr, So Mittagsbuffet 12–15 Uhr für 9,50 €, Mittagstisch Di–Fr 12–15 Uhr
Bus & Bahn: Daniel-von-Büren-Straße (Linie 10)

Restaurant Palmyra ♥ ⑩–⑩⑩⑩

Die syrische Küche hat das Herz der Bremer im Sturm erobert: Am Hillmannplatz liegt das Palmyra, in dem man fantasievolle orientalische Küche genießen kann. Sehens- und essenswert sind die Masa, eine Auswahl von köstlichen Vorspeisen, die in kleinen Schälchen serviert werden. Geduldig erklären die Kellner, was sich da vor einem ausbreitet. Und wer vor lauter Aufregung in Gegenwart seiner oder seines Angebeteten wieder nicht weiß, wohin mit seinen Händen, der kann aus den roten

Linsen, die als Tischdekoration in geschwungenen Mustern auf dem Tisch ausgestreut sind, neue Formen legen. Da entsteht dann auch mal ein Linsenherz ...

Palmyra | Hillmannplatz 20 | 28195 Bremen
☎ 0421/9 57 99 34 | www.restaurant-palmyra.de
Öffnungszeiten: Mo–Fr 12–14.30 Uhr und 18–0 Uhr, Sa & So 18–0 Uhr
Bus & Bahn: Herdentor (diverse)

Pochana Thai ♥ ⑩⑩–⑩⑩⑩

In der Langenstraße liegt dieses thailändische Restaurant, wo ihr euch thai-kulinarisch verwöhnen lassen könnt. Ihr solltet unbedingt weiter hinten an einem der niedrigen Thai-Tische auf plüschigen Kissen sitzen (Filzpantoffeln für die Gäste stehen bereit!), andernfalls müsst ihr etwas beengt zwischen vielen Menschen Platz nehmen. Gelegentlich gibt es hier samstags abends thailändische Tänze, bei denen »Engelwesen« die Gäste mit Begrüßungsblumen bestreuen.

Pochana Thai Restaurant | Langenstr. 14 | 28195 Bremen
☎ 0421/32 34 84 | www.pochana-thai.de
Öffnungszeiten: Mo–Sa und an Feiertagen 12–15 Uhr und 18–23.30 Uhr
Bus & Bahn: Martinistraße (Linie 25)

Café Ambiente ♥♥ ⑩–⑩⑩

Auch wenn das Café 1929 im Auftrag des Frauenbundes für alkoholfreie Kultur gebaut wurde, kann man hier mittlerweile gute Weine und frisch gezapftes Bier trinken. Die Küche bringt schmackhafte Gerichte mit mediterranem Einschlag – hübsch dekoriert – auf den Tisch.
Gelegentlich sitzt hier auch mal ein fröhlicher Männerchor,

der abends beim Bierchen noch spontan ein paar Barbershop- und Liebeslieder trällert ... Und die Abendstimmung an der Weser mit Blick auf vorbeituckernde Binnenschiffe ist sowieso unschlagbar.

Café Ambiente | Osterdeich 69a |28205 Bremen
☎ 0421/4 98 95 08 | www.cafe-ambiente.de
Öffnungszeiten: täglich 9–1 Uhr
Bus & Bahn: St.-Jürgen-Straße (Linie 2/3/10)

Blixx ♥ ⑩⑩–⑩⑩⑩

Das Blixx am Bremer Flughafen, im achten Stock des Atlantic Hotels (☞ S. 182), besticht durch seine Aussicht auf die Startbahn der Flugzeuge. Hand in Hand könnt ihr euren Blick durch die beeindruckenden Fensterfronten in den Abend- und Nachthimmel schweifen und euch vom Fernweh einfangen lassen. Die frische, fantasievolle Küche hat spezielle Themenwochen mit internationalem Schwerpunkt im Programm.

Blixx | Flughafenallee 26 | 28199 Bremen
☎ 0421/5 57 14 46 | www.restaurant-blixx.de
Öffnungszeiten: täglich 5.30–2 Uhr
Bus & Bahn: Flughafen (Linie 6/52)

Bühne 3 ♥♥ ⑩–⑩⑩

An Deck des Theaterschiffs (☞ S. 113) im Restaurant sitzt man direkt am Kai und schaukelt sachte auf dem Fluss hin und her. Maritime Romantik pur!

Bühne 3 (Theaterschiff Bremen) | Tiefer 104 – Anleger 4 | 28195 Bremen
☎ 0421/168 74 33 | www.buehne-3.de | Aktuelle Öffnungszeiten auf der Website | Bus & Bahn: Martinistraße (Linie 25), Domsheide (diverse)

Strandlust

In der Strandlust am Fähranleger Vegesack habt ihr einen fabelhaften Blick auf die Weser – das Restaurant empfiehlt sich vor allem im Sommer, wenn man draußen sitzen kann.

Strandlust Vegesack | Rohrstr. 11 | 28757 Bremen
☎ 0421/6 60 92 64 | www.strandlust.de
Öffnungszeiten: täglich 10–23 Uhr
Bus & Bahn: mit der Regionalbahn zum Bahnhof Vegesack

Campus

Im Atlantic Hotel Universum (☞ S. 181) befindet sich das Restaurant Campus, das nicht nur eine ausgezeichnete Küche hat, sondern auch mit einem tollen Blick auf das futuristische Museum Universum® (☞ S. 121) punkten kann. Es ist zwar nicht urgemütlich, aber die Aussicht und das Essen lohnen den Weg allemal. Gerichte aus aller Herren Länder – kreativ kombiniert – und immer wieder neue Aktionen werden euch überraschen!

Tipp: das Dinner im Dunkeln! (☞ S. 55)

Restaurant Campus | Wiener Straße 4 | 28359 Bremen
☎ 0421/2 46 75 33 | www.restaurant-campus.de
Öffnungszeiten: Frühstück Mo–So 6.30 –10.30 Uhr,
Restaurant Mo–So 12–22 Uhr
Bus & Bahn: Universität/NW1 (Linie 6/21/22/28), Wiener Straße (Linie 22/28)

Alternativ – anders – lecker!

★ dreijahre ♥♥♥ ⑩–⑩⑩

Das dreijahre ist nicht nur eine gemütliche Kneipe, in der man einen Abend am Ofen oder an einem kleinen Zweiertischchen im »grünen Salon« verbringen kann, sondern auch ein fantasievolles und ausgefallenes Restaurant. Das beginnt schon damit, dass man hier sonntags fürstlich frühstücken (☞ S. 10) und nachmittags exquisite Kuchen und Torten essen kann. Einmal in der Woche wechselt die Karte, donnerstags gibt es ein hervorragendes Dreigangmenü, das von Gastköchen zubereitet wird (unbedingt reservieren!).
Beim dreijahre handelt es sich um ein Kunstprojekt, das drei Künstlerinnen aus Bremen gegründet und auf drei Jahre, bis April 2010, begrenzt haben. Danach wird es gastronomisch weitergehen, aber in welcher Form und in welchem Gewand steht noch in den Sternen. Man darf gespannt sein!

dreijahre | Fehrfeld 58–59 | 28203 Bremen
☎ 0421/7 90 88 40 | www.dreijahre.org
Öffnungszeiten: Mo–Fr ab 18 Uhr, Sa ab 14.30 Uhr, So ab 10 Uhr
Bus & Bahn: Sielwall (Linie 2/3/10)

★ Kuß Rosa ♥ ⑩–⑩⑩

Dieses alternative Restaurant muss nicht nur wegen seines Namens hier aufgeführt werden, sondern auch, weil es ein wenig anders und abseits der normalen Gastro-Szene ist. Etwas ungewöhnlich, aber sehr freundlich ist das Kuß Rosa, das in der Bremer Neustadt als Kollektivprojekt Essen und Kultur zu verbinden sucht – jeden ersten und dritten Mittwoch im Monat gibt es hier westafrikanisches Essen. Ansonsten gibt es vegetarische und Fleisch-und Fischgerichte aus der, so die BetreiberInnen, »biologisch-undogmatischen Küche«, die man umringt von studentischen und alternativen Gästen genießen kann.
Und: »Ja, wir wissen: Der Kuß wird heutzutage nicht mehr mit ß geschrieben! Aber: Erstens liebt Wiebke diesen Buchstaben und: zu Zeiten Rosa Luxemburgs war der Kuss noch ein Kuß! Und so wie diese sich in Briefen mit Kuß Rosa verabschiedete, verbleiben wir mit Kuß Rosa.«

Kuß Rosa | Buntentorsteinweg 143 | 28201 Bremen
☎ 0421/5 48 76 02 | www.kuss-rosa.de
Öffnungszeiten: Di–Sa ab 18 Uhr | Bus & Bahn: Gneisenaustraße (Linie 4/5)

La Tertulia ♥♥♥ ⑩–⑩⑩

Das Tertulia ist der romantische kleine Eck-Spanier schlechthin: Hier treffen sich Freunde, Kollegen und Paare, die nach dem Besuch des Schauburg-Kinos (☞ S. 104) noch einen der hervorragenden Aufläufe essen oder einen kräftigen Rotwein trinken möchten. Die weiß-getünchten Wände und die einfachen Holztische, das freundliche Personal und das leise Brutzeln, das man aus der Küche hört, machen das Tertulia zu

einem echten Geheimtipp. Im Sommer könnt ihr unter der Markise und von Pflanzen umrahmt auch draußen sitzen. Perfekt für das erste Rendezvous oder einen spontanen Wein.

La Tertulia | Berliner Straße 35 | 28203 Bremen
☎ 0421/7 56 42 | Öffnungszeiten: Mo–So 17–0Uhr
Bus & Bahn: Brunnenstraße (Linie 2/3/10)

Médoo ♥♥♥ ⑩–⑩⑩

Im Médoo trafen sich früher, als das Junge Theater noch gegenüber beheimatet war, die Theaterleute.
Heute finden sich hier unter anderem Gäste aus der bremischen Kulturszene ein, die nachmittags die vorzüglichen selbstgebackenen Kuchen zu schätzen wissen und abends gerne wegen des frischen Essens herkommen. Auch wenn es sehr gute Gerichte auf der dauerhaften Karte gibt, solltet ihr unbedingt einen Blick auf die üppige Speisekarte hinter dem Tresen werfen, auf der ihr die Tagesgerichte findet. Ausgezeichnete und ideenreiche mediterrane Küche bietet sich euch da, von der Suppe bis zum Dessert. Wenn ihr draußen an der Seite des

Hauses keinen lauschigen Platz mehr findet, könnt ihr drinnen einen der vielen (Zweier-) Tische wählen, um einen schönen Abend bei Kerzenlicht zu verbringen!

Médoo | Friesenstraße 103 | 28203 Bremen
☎ 0421/7 35 50 | Öffnungszeiten: täglich 12–2 Uhr,
Küche 12–1 Uhr | Bus & Bahn: Sielwall (Linie 2/3/10)

Rotkäppchen

Das Rotkäppchen und das Médoo folgen dem gleichen Küchenprinzip und haben die gleiche Karte. Deutlich größer als das Médoo kann das Rotkäppchen allerdings mehr Gäste beherbergen, bietet einen schönen Wintergarten (in dem es im Winter leider manchmal etwas kalt ist) und einige Außenplätze mit Blick auf die belebten Straßen im Viertel. Wer geschützter sitzen möchte, verkrümelt sich ganz hinten rechts an den Zweiertisch und setzt sich gemeinsam auf die gepolsterte lange Bank. Derzeit werden gemeinsam mit Architektur-Studierenden der Hochschule Bremen Umbaumaßnahmen geplant.

Nachmittagstipp: Die wundervollen Kuchen und Torten im Rotkäppchen genießen oder vom zuvorkommenden Personal einpacken lassen und an der Weser schlemmen!

Rotkäppchen | Am Dobben 97 | 28203 Bremen
☎ 0421/7 54 46 | Öffnungszeiten: täglich 10–2 Uhr
Bus & Bahn: Humboldtstraße (Linie 10)

Exklusiv – ein besonderer Abend für besondere Menschen

Wer sich einen außergewöhnlichen Abend gönnen möchte, der wird in der gehobenen Gastronomie Bremens sicher fündig. Hervorragende Küche sowie romantisches und bremisch-zurückhaltendes Ambiente erwarten euch!

FreudenHaus ♥ ⑩⑩

Das FreudenHaus ist das Restaurant im Hotel ÜberFluss an der Schlachte (☞ S. 189), das ähnlich durchgestylt daherkommt wie das Hotel. Lampen in Form von hochglänzenden Kugeln, viel Metall und dunkle Zweiertische bestimmen das Ambiente. Typisch für das Restaurant ist nicht nur die gehobene Küche, sondern auch, dass man vor dem Restaurant schon mal in eine Fotosession mit Werder-Spielern gerät. Hier trifft sich die Bremer Schickeria: Man kennt und feiert sich. Für die

Designfans unter euch, die gleichzeitig die Nähe zur Weser nicht missen möchten.

FreudenHaus | Schlachte 36 | 28195 Bremen
☎ 0421/3 22 86 30 | www.restaurantfreudenhaus.de
Öffnungszeiten: So–Do 7–0 Uhr, Fr & Sa 7–1 Uhr, warme Küche täglich 12–15 Uhr und 18–22.30 Uhr | Bus & Bahn: Am Brill (diverse)

Landhaus Höpkens Ruh

Hier in Oberneuland am wunderschönen Park Höpkens Ruh (☞ S. 77) hat das Parkhotel seine Dependance eröffnet, das Landhaus Höpkens Ruh. Das Kaminzimmer und die Menüs mit bis zu neun Gängen lassen die Herzen der verliebten Gourmets höher schlagen.

Landhaus Höpkens Ruh
Oberneulander Landstraße 69 | 28355 Bremen
☎ 0421/20 58 53 | www.hoepkensruh.de
Öffnungszeiten: Di–So 12–18 Uhr
Bus & Bahn: Höpkens Ruh (Linie 33/34)

Das Kleine Lokal ♥♥♥ ⑩⑩⑩

Gehobene Küche und gemütliche Atmosphäre – geht das zusammen? Im Kleinen Lokal schon. Dort begrüßt man euch herzlich und ist sichtlich erfreut, euch einen ganzen Abend zu Gast zu haben, um euch die schönsten Speisen und die edelsten Getränke anzubieten, die Küche und Keller so hergeben. Es geht sehr gepflegt zu, und man fühlt sich schnell wohl bei Stefan Ladenberger. Reservieren ist im Kleinen Lokal ein absolutes Muss, denn viele Paare genießen hier das gute Essen – meist in Form des beliebten Überraschungs-Menüs (drei bis sieben Gänge).

Es kommt übrigens schon mal vor, dass ein Herr den gesamten Strauß Rosen von einem der fliegenden Händler kauft!

Das Kleine Lokal | Besselstraße 40 | 28203 Bremen
☎ 0421/7 94 90 84 | www.das-kleine-lokal.de
Öffnungszeiten: Di–So ab 19 Uhr, Küche 19–23 Uhr
Bus & Bahn: Dobbenweg (Linie 25)

Le Madame Hô ♥ ⑩⑩–⑩⑩⑩

Ein Geheimtipp ist das Madame Hô mittlerweile nicht mehr. Allerdings liegt es ein bisschen abgelegener als seine Bar- und Restaurantnachbarn an der Schlachte, nämlich jenseits des Brills. Die Atmosphäre ist hier so ruhig wie die Weser, die vor dem Haus vorbeifließt: Helle Räume und schwarzes Mobiliar, einige halbdurchsichtige Stoffbahnen hängen von der Decke, in die doppelglasigen, beleuchteten Wandelemente sind Hölzer und Stöcker eingearbeitet, und durch eine Scheibe kann man direkt in die Küche gucken. Die Einrichtung ist durchgestylt, wirkt aber nicht kalt, sondern klar und warm. Das Essen ist »euro-asiatisch«, wie euch die überaus freundliche Bedienung erklären wird, mit vielen Gewürzen und Kochmethoden aus dem asiatischen Raum, aber auch mit Anleihen aus der italienischen und französischen Küche. Und was kommt dabei heraus?

Das kann z. B. eine Ingwer-Crème-Brûlée sein, die sicherlich eine aphrodisierende Wirkung hat ... In jedem Fall ist dieses köstliche Dessert das i-Tüpfelchen eines der Menüs, die ebenso klar wie fantasievoll angerichtet werden.
Tipp: Den etwas günstigeren Mittagstisch genießen, dann ist das Restaurant nicht zu voll und das Essen nicht weniger hervorragend!

Le Madame Hô | Schlachte 41 | 28195 Bremen
☎ 0421/1 68 38 70
Öffnungszeiten: Mo–Sa 12–15 Uhr (Mittagstisch) und 18–0 Uhr
Bus & Bahn: Am Brill (diverse)

VillA

In der Innenstadt, in direkter Nachbarschaft zu Goethetheater, Gerhard Marcks Haus und Kunsthalle, liegt im Erdgeschoss der Villa Ichon das Restaurant VillA. Hier wird gehobene mediterrane Küche zwischen Tradition und Kreation geboten, die euch begeistern wird! Während der Innenbereich sehr an die alte Waschküche erinnert und man recht eng sitzt, ist der wunderschöne Garten ein wahres Kleinod, in dem man bei gutem Wetter speisen kann. Knirschende Kieswege, ein kleiner Brunnen und geschwungene Buchsbaumhecken umrahmen die Tische. Etwas abgeschieden sitzt ihr auf der kleinen Holzempore in der Ecke des Gartens ... einfach traumhaft!

VillA | Goetheplatz 4 | 28203 Bremen
☎ 0421/3 64 85 57 | www.restaurant-villa.de
Öffnungszeiten: Mo–Fr 12–14.30 Uhr und ab 18 Uhr, Sa ab 18 Uhr.
Bei schönem Wetter ist der Garten durchgehend geöffnet.
Bus & Bahn: Theater am Goetheplatz (Linie 2/3)

Outer Roads ♥♥♥ ⑩⑩–⑩⑩⑩

Seit 2009 gibt es auf dem Bremer Teerhof, inmitten der Weser und mit Blick auf Fluss und Altstadt, ein neues exklusives Restaurant: das Outer Roads. Auf dem sogenannten »Deck auf dem Dach« der Reederei Beluga Group könnt ihr bei gutem Wetter auf Holzplanken den weiten Ausblick über die Weser genießen und die hervorragende Küche, die eine Mischung aus norddeutschen Kulinaria und Einflüssen aus aller Welt ist, kennenlernen. Wer im Inneren sitzen möchte (oder wegen Regens oder Platzmangel muss), kann den Köchen in der offenen Küche bei der Zubereitung der Speisen über die Schulter schauen. Auch von drinnen ist der Blick auf die Weser übrigens beeindruckend! Es empfiehlt sich, einen Tisch zu reservieren.

Outer Roads | Teerhof 59 | 28199 Bremen
☎ 0421/33 32 31 00 | www.outer-roads.de
Öffnungszeiten: täglich 12–14.30 Uhr und 18–22 Uhr
Bus & Bahn: Wilhelm-Kaisen-Brücke (Linie 4/5/6/8/24)

Grashoffs Bistro ♥♥ ⑩⑩–⑩⑩⑩

Von Bremen nach Paris ist es nur ein kleiner Schritt, nämlich über die Schwelle von Grashoffs Bistro am Hillmannplatz. Freundlich empfängt euch die Bedienung in schwarzer Weste und weißem Hemd, genüsslich verzehren die (Stamm-)Gäste ihr Essen. Das kleine, aber sehr feine Bistro hat nicht nur wegen seiner gehobenen Küche, sondern auch wegen der sehr französischen Inneneinrichtung nebst typischer Gardinen im Fenster einen guten Ruf in der Stadt. Es gibt nur gut 30 Plätze, sodass es sich empfiehlt, zu reservieren. Der angrenzende Delikatessen- und Weinladen, der von meterhohen Weinregalen eingerahmt wird und in dessen Vitrinen frische Pasta, Wurst- und Käsespezialitäten sowie außergewöhnliche Konfitüren ausliegen, ermöglicht euch, die guten Speisen fein verpackt nach Hause zu tragen. Der »Patron« Oliver Schmidt ist übrigens auch die treibende Organisationskraft des Bremer Weinfestes (☞ S. 238). Na dann: à la vôtre!

Grashoff | Contrescarpe 80 | 28195 Bremen
☎ 0421/1 47 49 | www.grashoff.de
Öffnungszeiten: Mo–Do 12–20 Uhr (Küche bis 19 Uhr),
Fr 12–21 Uhr (Küche bis 19 Uhr), Sa 12–16 Uhr (Küche bis 15.30 Uhr),
Frühstück Mo–Sa 10–12 Uhr | Bus & Bahn: Herdentor (diverse)

Meierei im Bürgerpark

♥♥ ⑩⑩–⑩⑩⑩

Dieses Restaurant und Café war schon 1883 fester Bestandteil der Planungen von Gartenarchitekt Wilhelm Benque. Während die Meierei anfangs noch als Milchwirtschaft mit angeschlossenen Stallungen ihrem Namen alle Ehre machte, ist sie heute als Dependance des Parkhotels wegen ihrer exzellenten Küche und des wunderschönen Blicks in die große Sichtachse des Bürgerparks bekannt.
Tipp: Ein besonders exklusiver Ort für eine Hochzeitsfeier!
(☞ S. 219)

Meierei | Im Bürgerpark | 28209 Bremen
☎ 0421/3 40 86 19 | www.meierei-bremen.de
Öffnungszeit: Di–So 12–0 Uhr; Küche 12–14 Uhr und 18.30–21.30 Uhr; Nov, Jan & Feb 12–18 Uhr
Bus & Bahn: Parkallee (Linie 22)

Die Restaurants in den Spitzenhotels Bremens

zeichnen sich naturgemäß auch durch ihre sehr gute Küche aus. Wer sich im Empire-Ambiente oder in der historischen Böttcherstraße etwas Besonderes gönnen möchte, geht etwa zum französisch-deutschen Essen ins Restaurant des Park Hotels ☞ S. 187, ins französisch-mediterrane L'Echalote des Maritim Hotels ☞ S. 190 oder in das französische Restaurant L'Oliva im Hilton ☞ S. 183.

Pades Restaurant ♥♥ ⑩⑩–⑩⑩⑩

Etwa 40 km von Bremen entfernt befindet sich eines der herausragenden Restaurants Niedersachsens: das Pades direkt am Verdener Dom. Der Sternekoch Wolfgang Pade beschreibt seine Küche als südlich-mediterran geprägt, verzichtet aber nicht auf österreichische Desserts sowie Produkte der Saison und der Region. In der ausgezeichneten Weinkarte (oder gar in der Weinraritätenkarte) könnt ihr die perfekten flüssigen Begleiter zum Essen auswählen. Neben dem etwas günstigeren Bistro wird im Restaurant und im Sommergarten reserviert. Hier eröffnet sich eine romantische Oase: Der Blick in den Himmel zeigt den Verdener Dom, ein bisschen tiefer könnt ihr die jahrhundertealte Stadtmauer betrachten und schließlich den Blick über den Küchenkräutergarten (aus dem es oft auch herrlich duftet) und den Rosenlaubengang unter den knorrigen Eichen schweifen lassen. Um dann in den Augen des Gegenübers zu versinken ...
Es empfiehlt sich, einen Tisch zu reservieren!

Pades | Grüne Straße 15 | 27283 Verden

☎ 04231/30 60 | www.pades.de

Öffnungszeiten: Di–Sa ab 18.30 Uhr, Bistro täglich 12–14 Uhr und ab 18.30 Uhr

Anfahrt mit dem Auto: A 27 Richtung Hannover/Achim fahren, Abfahrt Verden-Nord und dann Richtung Verden fahren, Ausschilderung Altstadt/Dom folgen; das Restaurant befindet sich direkt am Dom.

Bus & Bahn: mit der Bahn vom Bremer Hbf zum Hbf Verden fahren, dann etwa 10 Minuten Fußmarsch zum Dom

Essen mit Kamin-Romantik ♥♥♥

Gehört für euch zu einem romantischen Restaurant unbedingt ein prasselnder Kamin? Dann seid ihr hier goldrichtig:

Café Wolf ☞ S. 8
dreijahre ☞ S. 43
Haus am Walde ☞ S. 152
Jürgenshof ☞ S. 31
Fährhaus Farge ☞ S. 37
Worpsweder Bahnhof ☞ S. 32

Der besondere Tipp: Dinner im Dunkeln

»Man sieht nur mit dem Herzen gut; das Wesentliche ist für die Augen unsichtbar.« Dieses berühmte Zitat von Antoine de Saint-Exupéry wird in Bremen richtig lebendig, wenn das Universum®, das Restaurant Campus und der bremische Blindenverein zum Dinner im Dunkeln laden.

Ein- bis zweimal im Monat findet für etwa zwei Stunden im walförmigen Universum® Science Center ein Dinner im Dunkeln statt, bei dem ihr in vollkommener Dunkelheit ein dreigängiges Überraschungsmenü serviert bekommt und die Erfahrung macht, wie es sich anfühlt, wenn man einem seiner Sinne beraubt ist.
Doch zunächst kann man sich bei einem kleinen Sektempfang einige Dinge anschauen, die blinde Menschen durch den Alltag begleiten: Bücher und Kalender in Blindenschrift, eine spezielle Schreibmaschine, Kartenspiele und Blindenstöcke. Ein freundlicher Blindenhund räkelt sich gelassen in einer Ecke.
Viele Paare kommen hierher, auch einige Kleingruppen. Manchen ist doch etwas mulmig zumute: Wie finde ich an meinen Platz? Wer sitzt neben mir? Werde ich mich zurechtfinden? Eine freundliche Mitarbeiterin des Universums® und die vielen sympathischen Menschen des Blindenvereins zerstreuen alle Bedenken. Die Blinden geleiten einen an den Platz, servieren Essen und Getränke und speisen dann gemeinsam mit den Gästen. Wer den Saal mal verlassen muss, wird selbstverständlich von einem Betreuer oder einer Betreuerin sicher zum Ausgang geleitet.
Gruppenweise wird man einem Betreuer oder einer Betreuerin zugewiesen, dann geht es in einer Art Polonäse in den vollkommen abgedunkelten Saal. Nachdem man seinen Platz gefunden hat, wird die Getränkebestellung aufgenommen. Vorsichtig kann man die Hände über den Tisch gleiten lassen, um das Besteck, das Glas und die Serviette zu orten.
Die gut gelaunten Begleiterinnen und Begleiter versorgen einen mit Getränken und servieren das Essen. Das freundliche »Du« am Tisch sorgt sofort für eine lockere und entspannte

Atmosphäre, die den Gästen die Scheu vor der ungewohnten Situation nimmt. An den Tischen wird viel gelacht. In der Dunkelheit berührt man sich versehentlich auf der Suche nach Glas oder Gabel, und es gibt allgemeines Gelächter am Tisch, wenn der Nachbar gegenüber versehentlich ein fremdes Glas zu seinem eigenen macht. Dies wird von den Betreuern selbstverständlich und ohne viel Aufhebens ersetzt.

Die zwei Stunden vergehen wie im Fluge. Schließlich ist man sehr damit beschäftigt, das Essen auf dem Teller zu orten und ohne Verluste in den Mund zu führen. Zwischen den Gängen entstehen angeregte Gespräche mit den blinden Betreuerinnen und Betreuern, die sehr offen über ihren Alltag sprechen. Kleine Hilfsmittel aus dem Alltag machen da die Runde, wie etwa ein Kartenspiel für Blinde oder ein Füllstandsanzeiger. Aber auch Geldstücke gehen über den Tisch, und man darf mal fühlen und raten, um welche es sich handelt.

Die Küche ist sehr gut, die Portionen so reichlich, dass man den Nachtisch fast gar nicht schafft.

Am Ende kann man sich draußen im Hellen noch mal das Essen angucken und sich von der freundlichen Restaurantmitarbeiterin erklären lassen, dass das, was man eben noch im Dunkeln als Rindfleisch identifiziert hatte, doch Schweinemedaillons waren und dass das Tiramisu doch eckig und nicht rund war. Auch den Saal kann man sich bei Beleuchtung noch mal anschauen: Wo haben wir gegessen, welche Farben hatten Tischdecken und Servietten.

Das Dinner im Dunkeln ist zwar kein klassisch romantisches Essen in trauter Zweisamkeit, aber ein ganz besonderes Erlebnis, von dem ihr sicher noch lange zehren werdet!

Bremer Liebesgeschichten:

Dinner im Dunkeln und Sonne im Herzen

Hannelore und Werner S. gehören zu den Betreuern, die den Gästen mit viel Spaß an der Sache zur Seite stehen. Das Paar, das seit über 30 Jahren verheiratet ist, begleitet das Dinner im Dunkeln nun schon seit einigen Jahren und freut sich immer sehr auf diese Termine. »Man kommt ständig mit neuen Leuten zusammen«, sagt Hannelore begeistert. Und auch Werner erzählt voller Enthusiasmus von den Gästen, die dorthin kommen. So erinnert er sich etwa an seine bisher ältesten Gäste, die das Essen als Überraschung zur Goldenen Hochzeit geschenkt bekommen hatten: Vorsichtig und freundlich führte er die zunächst noch etwas ängstliche 80-jährige Dame und ihren Ehemann an den Tisch und verbrachte schließlich einen fröhlichen Abend mit ihnen.

Mit viel Humor und einer entwaffnenden Offenheit sorgen Hannelore und Werner dafür, dass sich die Gäste gleich entspannen – manchmal sind die Gespräche sehr intensiv und ehrlich, weil, so Werner, »Äußeres plötzlich gar nicht mehr wichtig ist.« Doch nicht nur die Gäste, sondern auch die beiden Eheleute, die seit Jahren im Blindenverein aktiv sind, erzählen gerne von ihrem Alltag und ihrer Geschichte.

Kennengelernt und ineinander verliebt haben sich die beiden in Hannover auf dem Internat der Blindenschule. Als gebürtige Bremerin zog es Hannelore aber wieder in ihre Heimatstadt zurück, sodass Werner ihr folgte und in Bremen als Masseur Arbeit fand. Hier haben sie drei Kinder groß gezogen, mit denen sie stets viel unternommen haben: ruhige Spaziergänge im Bürgerpark und an der Weser entlang oder flotte Tandemfahrten mit einem der sehenden Kinder als »Kapitän«. In ihrem Heimatstadtteil Gröpelingen sieht man die beiden ab und zu spazieren gehen – leider sind die kleinen Familienbetriebe und Lebensmittelgeschäfte hier pleite gegangen, sodass sich Hannelore immer wieder eine Begleitung organisieren muss, mit der sie in den anonymen Supermärkten einkaufen geht. Die beiden sind auch neben dem Dinner im Dunkeln sehr aktiv: Töpfern und Filzen, Aqua-Jogging sowie Kinder und Enkel halten Hannelore und Werner auf Trab.

Gelegentlich unternehmen sie mit anderen Blinden etwas in der Stadt. Dann gibt es Stadtführungen für Sehbehinderte, in denen viel angefasst werden darf, oder eine Fahrt mit einer Oldie-Straßenbahn. Und wenn's mal ein bisschen mehr Bauchkribbeln sein darf: Werner erzählt von einer Autofahrt, die sie bei einer Veranstaltung auf der Landebahn in Lemwerder mal machen durften. Gemeinsam mit einem Fahrlehrer als Beifahrer haben die zwei ordentlich Gas gegeben – ein Bremer Paar mit Elan und Tempo!

Am Sonntag will mein Süßer mit mir Segeln geh'n

Ausflüge

Es muss gar nicht unbedingt das Segelboot sein: Die Lage am Fluss und das viele Grün in der Stadt und im Umland machen Bremen zu einem wunderbaren Ort für kleine und größere Ausflüge zu zweit.

Verliebte Spaziergänge an der Weser, Fahrradtouren ins idyllische Blockland, Ruderpartien im Bürgerpark oder ein Flug im Heißluftballon über die glitzernde Weser hinweg ... Bremen ist zu Lande, zu Wasser und sogar in der Luft eine Reise wert.

Das Netz der Radwege und der öffentlichen Verkehrsmittel ist hier so gut ausgebaut, dass sich viele Stadttouren bis in die Vororte und das nähere Umland bequem ohne Auto bewerkstelligen lassen. Außerdem könnt ihr euch zu Fuß oder mit dem Rad wunderbar durch die Stadt treiben lassen und dort anhalten, wo es euch gerade besonders gefällt. Ein kleiner Park, eine Wiese oder eine Bank am Wasser ist bestimmt in der Nähe!

Da in Bremen viele Sehenswürdigkeiten sehr gut zu Fuß zu erreichen sind, kann man sich bequem per pedes durch die Stadt bewegen, ohne etwas zu verpassen.
Wer nicht auf eigene Faust losziehen möchte, der kann sich einer der zahlreichen, sehr unterschiedlichen Stadtführungen anschließen. Von der klassischen Führung durch die Innenstadt, das Rathaus oder den Dom bis zur alternativen Führung durch das neue Hafengebiet könnt ihr euch unter freundlicher Anleitung auch an ganz ungewöhnlichen Orten die Stadt erschließen.

Stadtführungen

Bremer Touristik-Zentrale

Hier werden diverse thematische Stadtführungen, die meist in Kleingruppen stattfinden, angeboten: vom altbewährten Zug durch die Innenstadt über die Rathausführung bis zur Beck's Brauereitour. Wer nur zu zweit sein möchte, kann auch eine individuelle Audioguide-Tour machen, die etwa eine Stunde lang durch die Innenstadt führt. Dazu könnt ihr euch entweder die Tour nebst MP3-Playern in der Touristinformation in der Obernstraße entleihen (gegen 7,50 Euro Ausleihgebühr pro Tag und einen Pfand) oder auf der Website für 3,50 Euro die MP3-Dateien herunterladen und mit dem eigenen Abspielgerät an den 13 Stationen Halt machen. Wer nicht mit Stöpseln im Ohr nebeneinanderherlaufen möchte, teilt sich einfach die Kopfhörer ...

Tourist-Information Obernstraße | Liebfrauenkirchhof
Öffnungszeiten: Mo–Fr 10–18.30 Uhr, Sa & So 10–16 Uhr
Bus & Bahn: Obernstraße (Linie 2/3)

Tourist-Information im Hauptbahnhof, gegenüber dem DB Reisezentrum
Öffnungszeiten: Mo–Fr 9–19 Uhr, Sa & So 9.30–18 Uhr
Bus & Bahn: Hauptbahnhof (diverse)

☎ 01805/10 10 30 | www.bremen-tourism.de

ART.tours Bremen

Ob nächtlicher Innenstadtrundgang, Kneipenbummel oder eine Führung auf Plattdeutsch – ART.tours bietet viele interessante und außergewöhnliche Stadtführungen an. Auch wer Bremen abseits der Innenstadt entdecken möchte, wird hier fündig: Es gibt Rundgänge durch die Neustadt, durch Hemelingen, durch Walle u. v. m.

ART.tours-Bremen | Meyerstraße 45/47 | 28201 Bremen
☎ 0421/79 01 19 05 | www.arttours-bremen.de

☆ StattReisen Bremen e.V.

Dieses alternative Stadtführungsangebot hat so einiges in petto: etwa eine Literat(o)urführung, Spaziergänge zum Thema

Globalisierung in der Stadt, ein Rundgang mit dem Nachtwächter, die Entdeckung des Tatort Bremen oder gar die Bremer Lügenführung, in der ihr mit Seemannsgarn und Anglerlatein aufs Glatteis geführt werdet. Die engagierten und sympathischen Reiseführer bringen euch die Stadt auf ganz besondere Weise nahe.

StattReisen
Rembertistr. 99 | 28195 Bremen
☎ 0421/430 56 56
www.stattreisen-bremen.de
Bus & Bahn: Rembertistraße (Linie 10)

Autonomes Architektur Atelier 

»Urbane Spaziergänge« und »Inszenierungen öffentlicher Räume« bieten beim Autonomen Architektur Atelier ein Architekt und ein Stadtplaner all jenen, die Bremen von einer ganz anderen Seite kennenlernen möchten. Nicht die typischen Orte sind die Ziele dieser kritischen Stadtspaziergänge, sondern Ecken und Winkel, in denen Bremer wie Touristen selten oder nie unterwegs sind, und die dennoch »Stadtstimmungen« erzeugen. Abwegiges und Überraschendes – Hochgaragen, Hochhäuser und Hafenansichten – erwarten euch bei den gemeinsamen Erkundungen.

AAA Autonomes Architektur Atelier in Bremen
Hansator 1 (Abfertigung) | 28217 Bremen
☎ 0421/596 35 01 | www.aaa-bremen.de
Bus & Bahn: Hansator (Linie 3) bzw. spezielle Treffpunkte

★ Kultur vor Ort ♥♥

Der Kulturverein Kultur vor Ort bietet seit einigen Jahren interessante und fröhliche Führungen durch die Bremer Innenstadt, aber auch durch sein Heimquartier Gröpelingen und die dazugehörigen Hafenanlagen an. Da kann man mit einem Nachtwächter durch das nächtliche Schnoor-Viertel bummeln, eine Getreideanlage von innen bestaunen oder sich von einer charmanten Stewardess in weniger als einer Stunde durch die Innenstadt bzw. in 80 Minuten durch die Welt, die in Gröpelingen zu Hause ist, führen lassen. Bon voyage!

Kultur Vor Ort

Liegnitzstr. 63 | 28237 Bremen

☎ 0421/619 77 27 | www.kultur-vor-ort.com

Bus & Bahn: Use Akschen (Linie 3)

Der besondere Tipp: der Molenturm ♥♥

Was verbindet Licht, Luft und Wasser? Leuchttürme! Bremen hat zwar keine rot-weißen Bilderbuchleuchttürme zu bieten, aber einen charmanten Molenturm. Vom Überseehafen aus gelangt man auf die Landzunge, an deren Ende der Turm steht. Auf der Plattform zu Füßen des Molenturms könnt ihr euch dann niederlassen. Von hier aus hat man eine unglaubliche Aussicht auf die Hafenanlagen.

Parkanlagen & Gärten

Der Bürgerpark ♥♥♥

Das Herzstück der Bremer Grünanlagen ist der Bürgerpark, der im wahrsten Sinne des Wortes von Bremens Bürgerinnen und Bürgern heiß geliebt und durch einen Bürgerverein finanziert wird. In diesem im 19. Jahrhundert angelegten und 200ha großen Park tummeln sich Verliebte, die auf den Wegen Händchen haltend spazieren gehen, auf den versteckten, romantischen Parkbänken Pause machen oder auf den Liegewiesen unter Bäumen oder am Ufer der vielen Wasserläufe Wange an Wange die Sonne genießen. In diesem großzügigen Park, in dem sogar ein paar wilde Rehe leben, gibt es für Verliebte viel zu erleben! Hier kann man Leute treffen, aber auch ganz für sich sein.

Ausgangspunkt und Ziel für alle Rundgänge im Bürgerpark: Die Haltestelle Am Stern (Linie 6/8/24)

Rundgang 1:
Kurzweilige Stunden

Im Bürgerpark kann man nicht nur spazieren gehen, sondern auch sonst noch eine Menge erleben. Ihr geht zunächst von der Haltestelle über die Straße am Kreisverkehr Am Stern und dann in den Park hinein. Hier geht ihr geradeaus und an der nächsten Kreuzung rechts, sodass ihr rechterhand einen See passiert. Dann geht ihr an der nächsten Wegkreuzung links. Nach einer Weile haltet ihr euch halbrechts, sodass ihr nach ein paar Metern aus dem Baumschatten heraustretet und eine weitläufige Wiese mit einigen Bäumen am Wegesrand überquert. Linkerhand hinter euch seht ihr die Rückseite des Park Hotels (☞ S. 187). Diesem Weg folgt ihr nun immer weiter, bis ihr an den Emmasee gelangt. Hier könnt ihr euch von April bis Oktober ein Ruderboot leihen und die romantischen Wasserwege des Bürgerparks entdecken.
Während einer von euch nun tapfer versucht, den Kahn gleichmäßig durch das Wasser zu rudern und nicht im Schlingerkurs

von Ufer zu Ufer zu pendeln, schaut der andere dem bunte Treiben der Passanten auf den Parkwegen zu oder beobachtet die Paare auf den zahlreichen Bänken. An einer ruhigen, einsamen Stelle, wo ein paar Weiden mit ihren Köpfen ins Wasser nicken, könnt ihr schließlich Rast machen. Hier könnt ihr ausruhen und euch im Boot ein wenig näher kommen.
Tipp: Einen kleinen Picknickkorb packen, zur Ruderpartie mitnehmen und an einem schönen Ort auf dem Wasser ausgiebig schlemmen!

Bootsvermietung gegenüber dem Kaffeehaus am Emmasee
Öffnungszeiten (nur bei gutem Wetter):
1. April bis 14. Mai: Mo–Sa 14–18 Uhr, So 10–18 Uhr
15. Mai bis 14. September: Mo 14–18 Uhr, Di–So 10–18 Uhr
15. September bis 3. Oktober: Mo–Sa 14–17.30 Uhr, So 11–17.30 Uhr

Wenn ihr anschließend noch Lust auf (mehr oder weniger) sportliche Betätigung habt, könnt ihr noch eine Runde Minigolf spielen.

Minigolf
Öffnungszeiten (nur bei gutem Wetter):
April: Mo–Fr ab 13 Uhr, Sa & So ab 11 Uhr, Einlass bis 18 Uhr
Mai bis 14. September: Mo ab 13 Uhr, Di–So ab 10 Uhr, Einlass bis 19 Uhr
15. September bis 3. Oktober: Mo–Fr ab 13 Uhr, Sa & So ab 11 Uhr, Einlass bis 18 Uhr

Wer nun eine Pause braucht und ein paar treue alte Tierpärchen oder – je nach Jahreszeit – niedliche Tierbabys angucken möchte, geht wieder zum Bootsverleih, daran vorbei, biegt danach rechts in den Weg ab, überquert den großen Querweg und läuft bis zur Ausschilderung rechts zum Tiergehege. Hier leben einige putzige Tiere, und Groß und Klein versammelt sich, um Ziegen und Schweine, Enten und Hasen zu beobachten. Besonders im Frühjahr, wenn die ersten Tierbabys ihren großen Auftritt in den Freigehegen haben, gibt es viele Zuschauer. Das Gehege ist ganzjährig geöffnet. Der Eintritt ist frei.

Von hier aus könnt ihr dann wieder den Weg zurücklaufen, den breiten Querweg nach links nehmen, über die große Melchersbrücke und bis zum Ende des Wegs laufen, dann (bevor ihr auf die Parkallee trefft, dann seid ihr zu weit) rechts abbiegen und parallel zur Parkallee durch den Park bis zum Ende gehen. Wenn ihr dann aus dem Park tretet, seid ihr wieder am Stern.

Rundgang 2:

Romantische Bänke und Plätze

So viele schöne Spaziergänge es in Bremen und Umgebung gibt, so viele Parkbänke gibt es auch am Wegesrand. Besonders im Bürgerpark werdet ihr sicher fündig, denn hier findet ihr abgelegene und sonnige, monumentale Steinbänke wie die

Emmabank und verschnörkelte Rundbänke wie die Amelie-Ziermann-Bank.

Vom Stern aus lauft ihr wie oben beschrieben bis zum Emmasee, überquert die Brücke neben dem Bootsverleih und geht dann rechts. Dort steht die Emmabank, die 1868 zu Ehren der Gräfin Emma dort errichtet wurde. Hier könnt ihr außerdem das Motto des Bürgerparks eingraviert lesen: »Für Herr und Gesind'/ Mann, Weib und Kind / Zu Nutz und Freud'/ für alle Zeit«. Richtig herrschaftlich sitzt man hier zu zwein und kann das Enten- und Ruderboottreiben auf dem Emmasee beobachten.

Von hier aus führt euch dieser Spaziergang zur Liebeslaube. Dazu geht ihr den Weg weiter, überquert den großen Querweg und haltet euch immer geradeaus. Dieser Weg führt euch direkt an der Meierei vorbei (☞ S. 53), die ihr »links liegen lasst« (wenn ihr euch hier nicht eine kleine Stärkung gönnen möchtet) und biegt hinter dem Parkplatz in den ersten Weg rechts wieder ein. Rechterhand taucht dann gleich ein kleiner weißer Pavillon auf. Nun steht ihr in der sogenannten Liebeslaube, dem 1903 erbauten Gerdespavillon nahe der Meierei. »Damit die Liebespaare da ümmer schön ihre Ruhe haben und machen können, wasse wolln, und nur die Kühe kucken zu«, so erklären es Jarchow, Klimek und Weldmann in ihrem Buch »Bremisches«.

Richtig schön sind die Bänke, deren Stifter man identifizieren kann, so z. B. die Bänke rund um den Hollersee vor den Toren des Park Hotels. Dazu geht ihr den gekommenen Weg geradeaus weiter, folgt immer den kleinen Biegungen, bis ihr an den großen Querweg gelangt. Den geht ihr nach links und

nehmt den ersten Weg auf der rechten Seite. Nun geht ihr immer geradeaus, bis ihr auf einen freien Platz mit einem herrlichen Brunnen, dem Marcusbrunnen, tretet. Von hier aus gelangt ihr halb links zum Park Hotel, auf dessen Vorderseite ihr gelangt, wenn ihr euch rechts haltet. Hier am Hollersee stehen nun zahlreiche Bänke. »Zur Silberhochzeit für Herbert und Angelika Schierenbeck« ist da auf einer zu lesen, auf einer anderen »Meiner Liebsten Melanie Seinsche«. »EBBI + MARC 17.8.2002« mochten es schlicht, wie die Inschrift eines Baumherzens. Und schließlich eine veritable Liebeserklärung: »Für Nora in Liebe Carsten«.
Vom Hollersee aus, der direkt an die Hollerallee grenzt, könnt ihr an der Straße entlang bis zum Stern zurücklaufen.
Tipp: Eine zweisame Rast im Laubengang, wo man geschützt vor fremden Blicken ein paar ruhige Minuten verleben kann. Dazu müsst ihr den großen Querweg in Richtung Parkallee/ Polizeiwache nehmen. Dann taucht diese schöne Laube, in der sicherlich schon etliche Heiratsanträge stattgefunden haben, linkerhand hinter einem Wasserlauf auf. Geht ein Stück des Wegs zurück, rechts über die Brücke und dann rechts den Weg bis zum Laubengang.

Bremer Liebesgeschichten:
Liebe auf den ersten Blick auf der Emmabank

»Sie saß auf der Emmabank und ließ sich die Sonne auf die Nase scheinen.« So beschreibt der Bremer Hans K. mit leuchtenden Augen die erste Begegnung mit seiner Frau. Auf einer der zahlreichen antiken Bänke im Bürgerpark, der Emmabank am Emmasee, haben sich Hans und Lisa K. 1972 kennengelernt. Hans K. machte wie jeden Sonntag mit seinen Eltern einen Spaziergang durch den Bürgerpark, wo man immer Freunde und Bekannte traf und sich schließlich in der Meierei zu einem Kaffee und einem Stück Kuchen niederließ. Diesmal sollte es anders kommen, denn Hans musste Lise einfach ansprechen. »Ich war bei Freunden zu Besuch in Bremen und machte gerade Rast in diesem herrlichen Bürgerpark«, erzählt Lise K. schmunzelnd. So ließ Hans seine Familie weiterziehen und setzte sich mutig zu der schönen Unbekannten. Die Liebesgeschichte nahm ihren Lauf, und Lise zog nach Bremen. Und noch heute gehen die beiden sonntags im Bürgerpark spazieren und setzen sich auf »ihre« Bank.

Wer ist denn eigentlich diese Emma?

Gräfin Emma von Lesum, eine Frau von außergewöhnlicher Mildtätigkeit und Frömmigkeit, soll im Jahre 1032 den Bremern eine Weide geschenkt haben. Aus Dankbarkeit dafür setzte man ihr im Bürgerpark gleich mehrmals ein Denkmal.

Rhododendron-Park

Blütenträume und asiatische Glückseligkeit erwarten euch im nördlichen Schwachhausen im Rhododendronpark und der angeschlossenen Pflanzenschau botanika. Rhododendren kennt wohl jeder. Aber was sich im Frühjahr im Rhododendronpark ereignet, ist einfach faszinierend: bunte Blütenpracht überall! Von kleinen, feinen bis zu ballgroßen Blüten lassen sich hier unzählige Arten bewundern – und zwischen den Sträuchern und unter alten Bäumen lässt es sich herrlich lustwandeln ...

Rhododendronpark

Deliusweg 40 | 28359 Bremen

☎ 0421/42 70 66 15

www.rhododendronpark-bremen.de

Öffnungszeiten: täglich von 7 Uhr bis Sonnenuntergang

Bus & Bahn: Bgm.-Spitta-Allee (Linie 4/20),

Rhododendronpark (Linie 20)

Spaziergang Blütenschäume

Ausgangspunkt: Marcusallee, Haupteingang des Rhododendronparks (Bushaltestelle Rhododendronpark).

Ihr wählt den rechten Weg des Haupteingangs zum Rhododendronpark und biegt in den ersten Weg rechter Hand ein. Dem folgt ihr zwischen den blühenden Büschen, links könnt ihr dahinter den Wasserlauf erahnen, bis ihr auf einen größeren Weg stoßt. Hier wendet ihr euch nach links. Hinter der Brücke nehmt ihr den ersten Weg rechts in den sogenannten »Azaleenhain« und könnt ein bisschen auf den verschlungenen Wegen zwischen duftenden Azaleen, Rhododendren und unter alten Bäumen wandeln. Wichtig ist, dass ihr so weit geradeaus lauft, bis ihr am Ende des Parks auf einen Weg stoßt. Dort haltet ihr euch dann rechts und folgt diesem Weg immer weiter. Nach etwa 600 Metern macht der Weg eine scharfe Biegung nach rechts, rechterhand liegt dann der Botanische Garten. Jetzt könnt ihr entweder rechts direkt zur botanika abbiegen oder zunächst weiter geradeaus zum Rosengarten (der liegt links) oder den anderen Themengärten (rechts) laufen und dann zurück zur botanika. Hier könnt ihr nach einem Rundgang im bistro botanika Rast machen. Bei einem guten Stück Kuchen und einer Tasse Kaffee könnt ihr diese blumige Reise ausklingen lassen.

botanika – das grüne Science Center

Wer in die weite Welt reisen will, der gönnt sich den Eintritt in die Gewächshäuser der botanika. Dort könnt ihr durch asiatische Flora und die Landschaften Borneos, Myanmars oder des Himalaya wandeln, Rast in einem Teepavillon machen, in der Grotte innehalten und durch Drehen der großen Gebetsmühle positives Karma sammeln. Im japanischen Garten schließlich könnt ihr die Wellenlinien im Kies auf euch wirken lassen oder einer Koi-Fütterung zusehen. Links vom Shop befindet sich dann der Ausgang, durch den ihr wieder ins europäische Bremen zurückkehrt.

Tipp: Im Himalaya liegt ein vier Meter langer Buddha, dessen Zufriedenheit und Friedlichkeit sicher auf euch abfärben wird!

botanika | Deliusweg 40 | 28359 Bremen
☎ 0421/42 70 66 60 | www.botanika.net
Öffnungszeiten: Nov bis Feb: Mi–Fr 9–16 Uhr, Sa & So 10–16 Uhr; Mär bis Okt: Mi–Fr 9–18 Uhr, Sa & So 10–18 Uhr, Ostermontag/Pfingstmontag: 10–18 Uhr | Bus & Bahn: Bgm.-Spitta-Allee (Linie 4/20), Rhododendronpark (Linie 20)

Die Wallanlagen
– Bremens grünes Band

Ein Spaziergang oder eine kleine Fahrradtour durch die über 200 Jahre alten Wallanlagen empfiehlt sich all jenen, die vom Bummel durch die Bremer City genug haben und eine Zeit im Grünen verbringen wollen. Ein schmaler Wasserlauf schlängelt sich durch den Parkgürtel, in dem man auf kleinen Wegen spazieren gehen kann. Hin und wieder werdet ihr mitten im Grün auch Skulpturen entdecken. Auf einer der zahlreichen Bänke oder auf einer Wiese könnt ihr euch ein schattiges Plätzchen mit Blick auf das Wasser suchen und die Seele baumeln lassen. Schon Eduard Beurmann, ein durchaus kritischer Chronist aus der Biedermeierzeit, schrieb im 19. Jahrhundert über dieses Grün mitten in der Stadt, es sei »vielleicht der schönste Garten in Deutschland«.

Tipp: Im Sommer werden hier Grün und Wasser kunstvoll ausgeleuchtet zum Wallfest ☞ S. 234.

Bus & Bahn: Domsheide (diverse),
Theater am Goetheplatz (Linie 2/3), Herdentor (diverse)

Spaziergang am Wallgraben

Ausgangspunkt: Theater am Goetheplatz (Linie 2/3)

Mit dem Theater im Rücken geht ihr halbrechts in die Straße Contrescarpe und haltet euch gleich auf der linken Seite des Bürgersteigs. Hier folgt ihr nun dem Sandweg, der sich immer parallel zum Wasserlauf in Schlangenlinien unter Bäumen und rechts umsäumt von Büschen entlang zieht. Auf den zahlreichen Bänken könnt ihr Rast machen und den Enten zusehen. Ihr überquert den Kennedy-Platz mit dem Blumenstand und folgt weiter dem Sandweg entlang des Wassers. Dann gelangt ihr an eine querlaufende Brücke, das Herdentor, das ihr etwas weiter rechts bei einer Fußgängerampel überqueren könnt. Ihr geht nach links an den Geschäften vorbei und könnt nochmals auf die Brücke treten, um die Blumen und den Ausblick auf die Mühle zu bewundern. Von hier aus bleibt es eurer Kondition und eurem Hunger oder Durst überlassen, was ihr tun möchtet: Ihr könnt die Brücke überqueren, rechts den Wall hinauf zur Mühle laufen und euch dort niederlassen (☞ S. 18). Ihr könnt auch auf die rechte Seite zurückkehren und am Hillmannplatz ganz edel in Grashoffs Bistro nach Leckereien stöbern oder dort etwas zu euch nehmen (☞ S. 52). Wer noch Lust und Zeit hat, kann auch den Weg weiterlaufen. Ihr geht dann an der Mühle vorbei, die linkerhand liegt, und bis zur nächsten großen Querstraße, der Bürgermeister-Smidt-Straße. In die biegt ihr links ein und könnt nun, wieder links, dem Wall folgend auf der anderen Seite der Wallanlagen den Weg wieder zurücklaufen (oder ihr nehmt schräg links den Weg Spitzenkiel und gelangt so in die Innenstadt). Die Strecke am Wall ist zunächst nicht so schön, denn ihr müsst auf der rechten Seite an der vielbefahrenen Straße entlanglaufen. In Höhe der Mühle aber könnt ihr die Straßenseite wechseln und wieder auf der rechten Seite im Grünen laufen. Habt ihr dann das Herdentor wieder überquert, könnt ihr entweder rechterhand an den Boutiquen, Antiquitätenhändlern und vielen anderen Geschäften »unter den Arkaden« einen Schaufensterbummel machen. Oder ihr bleibt auf der Seite der Grünanlage und geht in Höhe der Bischofsnadel links in die Wallanlagen hinein und dann rechterhand auf ein kleines Plateau, den Theaterberg, auf dem früher das ehemalige Stadttheater stand. Hier kann man es sich auf einer Bank bequem machen und den Blick in die Wallanlagen schweifen lassen. Von hier aus nehmt ihr den Weg hinunter zum Flusslauf, der nun linkerhand liegt. Wenn ihr dem Weg weiter folgt, gelangt ihr nach einiger Zeit – nach einer Rechtskurve unterhalb des stets gut besuchten Kinderspielplatzes entlang – wieder an den Ausgangspunkt zurück.

Höpkens Ruh

♥♥♥

Unter einem alten Holzschild »Höpkens Ruh« hindurch gelangt ihr in ein grünes Kleinod in Bremen-Oberneuland. Diese längliche Parkanlage mit ihren alten Bäumen, Wiesen und kleinen Teichen wird von romantischen Pfaden durchzogen, die zum Flanieren geradezu einladen. Und wer hier sein Herz verliert und länger bleiben möchte, der kann im edlen Landhaus Höpkens Ruh speisen oder sogar in einem der acht Zimmer nächtigen. ☞ S. 48

Höpkens Ruh | Oberneulander Landstraße 69 | 28355 Bremen
Bus & Bahn: Höpkens Ruh (Linie 33)

Knoops Park

♥♥♥

Weiter im Norden Bremens, in Burglesum, liegt Knoops Park, benannt nach dem Bremer Kaufmann Ludwig Knoop. Im 19. Jahrhundert beauftragte Knoop den Gartenarchitekten Wilhelm Benque, der auch den Bürgerpark angelegt hat, mit der Planung einer Parklandschaft. Rasenflächen, ein kleiner Teich, alte Bäume und die Hanglage zur Lesum verleihen diesem Park seinen besondernen Charme – genau wie die geschwungenen Bänke, die sich an die Bäume schmiegen. Besonders schön ist Knoops Park, wenn hier das Festival Sommer in Lesmona stattfindet (☞ S. 235) und der Park mit Picknicks und Abendveranstaltungen belebt wird.

Knoops Park | Auf dem Hohen Ufer | 28759 Bremen
www.foerderverein-knoops-park.de
Bus & Bahn: zweimal stündlich mit der Deutschen Bahn vom Bremer Hauptbahnhof bis Bremen-Burg, dann Linie 75 bis An Knoops Park oder Am Kapellenberg

Bibelgarten ♥

Für ein paar ungestörte Momente zu zweit inmitten des Innenstadttrubels lohnt sich ein Besuch im kleinen Bibelgarten des Bremer St. Petri Doms. Hier wachsen 60 verschiedene Pflanzen, die größtenteils in der Bibel genannt werden.

Bibelgarten am St. Petri Dom | Sandstraße 10/12 | 28195 Bremen
Öffnungszeiten (Sommer): täglich 10–22 Uhr
Bus & Bahn: Domsheide (diverse)

Das Licht- und Luftbad ♥♥

Auf dem Stadtwerder, der Halbinsel in der Weser, befindet sich das Licht- und Luftbad, das als FKK-Ort für Sonnenhungrige ein schöner Ort ist. Kleine Büsche und große Hecken schützen vor zu neugierigen Blicken der anderen und ermöglichen ein bisschen Zweisamkeit. Seit einigen Jahren wird das Gelände auch für Theateraufführungen und Konzerte genutzt und ist dann ein traumhafter Natur-Kultur-Ort!

LichtLuftBad | Strandweg 1–3 | 28201 Bremen
☎ 0421/55 06 01 | www.liluba.de
Öffnungszeiten: bei gutem Wetter So ab 12 Uhr
Bus & Bahn: Wilhelm-Kaisen-Brücke (Linie 4/5/6/8/24)

Ein Urwald in Norddeutschland: Der Hasbruch ♥

Im Oldenburger Land, zwischen Hude und Ganderkesee, liegt der urwüchsige Hasbruch (gesprochen übrigens mit langem U). In dem zum Teil unberührten Wald stehen knorrige alte Bäume: z. B. die berühmte Friederikeneiche, benannt nach Friederike Elisabeth Amalie von Oldenburg, die mit 1200 Jahren die älteste Eiche Niedersachsens ist. Ihre ältere Schwester, die Amalieneiche, ebenfalls nach der Frau des Herzogs benannt, war noch einmal 50 Jahre älter, stürzte aber 1982 um. Im Hasbruch locken verschlungene Spazierwege mit einigen Skulpturen am Wegesrand vor allem am Wochenende Wanderer aus der Umgebung an.

www.hasbruch.de | Anreise: Am besten mit dem Auto zu erreichen über die A 28 Richtung Oldenburg, Abfahrt: Hude/Steinkimmen, weiter Richtung Hude/Vielstedt oder BAB-Raststätte Hasbruch.

Durch den Dschungel: Spaziergang durch den Hasbruch

Ausgangs- und Zielpunkt: Raststätte Hasbruch

Hinter der Raststätte geht ihr ein Stück Asphaltstraße, bis ihr auf die Kühlinger Straße trefft. Dort biegt ihr rechts ab und nehmt dann den nächsten Weg links in den Wald hinein. Der Weg führt euch auf schönen Waldwegen durch den alten, knorrigen Baumbestand. Ihr kommt an der Hindenburgeiche vorbei, die links vom Weg liegt, rechterhand liegen etwas zurück die Erdmanneiche und die Ohrteiche. Dann folgt ihr dem Weg scharf links, eine Art Querweg, und biegt in den nächsten Waldweg rechts ein. Den geht ihr geradeaus weiter, bis ihr an kleine Fischteiche gelangt, geht links über eine kleine Brücke und gelangt geradeaus zur Amalieneiche bzw. den Resten der Eiche, die dort noch zu sehen sind. Ihr geht links durch den Urwald hindurch, bis ihr ans Ende des Wegs kommt. Dort haltet ihr euch links. – Tatsächlich gibt es, wenn ihr hier rechts und den nächsten großen Weg links nehmt, eine sogenannte Liebesallee. Sie ist allerdings nicht sehenswerter als die anderen schönen Wanderwege in diesem urigen Wald. Rechts kommt dann ein Schild, das euch zur Jagdhütte führt. Wenn ihr Glück habt, ist der Platz um die Jagdhütte herum nicht zu gut besucht und ihr könnt hier einen Moment Rast machen oder gar ein schönes Picknick zu euch nehmen.

Ihr geht den Weg zurück zum Hauptweg, in den ihr rechts einbiegt. Ihr passiert rechterhand einen Fischteich, der etwas versteckt im Wald liegt und der zwischen den Bäumen hindurch glitzert. Ihr nehmt den nächsten Weg links und kommt wieder

an die Kühlinger Straße. Wenn ihr euch rechts haltet, kommt ihr zum Ausgangspunkt zurück.
Zur Stärkung könnt ihr anschließend im Vielstedter Bauernhaus (☞ S. 31) einkehren. Dazu fahrt ihr vom Rastplatz wieder auf die A 28, nehmt dann die nächste Ausfahrt (Hude) Richtung Steinkimmen. Dann rechts auf die Vielstedter Straße, nach etwa 2 km links in die Kirchkimmer Straße und gleich rechts in die Straße Am Bauernhaus.

Entlang der Weser ♥♥

Es gibt viele Spaziergänge in Bremen, die euch in Parkanlagen und am Fluss entlang führen. Parallel zur Weser am Osterdeich verläuft ein Weg, dem ihr bis zum Weserwehr folgen könnt, dann überquert ihr hier die Weser und nehmt eine der vielen Brücken in der Innenstadt, um wieder auf die ursprüngliche Seite zurückzukehren. Wunderbar kann man auch auf den vielen Bänken an der Schlachte sitzen (wo es manchmal ein bisschen trubelig ist), oder einsamer auf der Bank gegenüber dem Weserstadion auf dem Kuhhirten. Hinter sich das Kleingartengebiet, vor sich Möwen und der Blick auf den Osterdeich – das ist besonders bei untergehender Sonne einfach traumhaft! An der kleinen Weser und am Werdersee entlang führen ebenfalls viele Wege, die zwischen Wasser und Grün fast vergessen lassen, dass man mitten in der Stadt ist.

Bremen lässt sich nicht nur zu Fuß, sondern auch hervorragend mit dem Fahrrad erkunden. Das Netz der Fahrradwege ist sehr gut ausgebaut, und viele Bremer sind im Alltag stets mit dem Fahrrad unterwegs. Einige der Stadtführungen werden als Fahrradtouren angeboten, aber auch zu zweit lässt es sich herrlich durch Stadt und Grün, auf dem Deich an Weser und Wümme entlang oder im Hafengebiet radeln.

Romantische Radtouren

★ Zur Schleuse

Mit dem Fahrrad fahrt ihr die »Hausstrecke der Bremer«, nämlich hinter Bürgerpark und Stadtwald geradeaus den Kuhgraben entlang. Dann folgt ihr links der Wümme stromabwärts, die sich rechts des Weges entlangschlängelt. Das gegenüberliegende Ufer ist übrigens schon Niedersachsen! Ihr radelt bis Dammsiel und dann links durch das Blockland wieder zurück zum Haus am Walde (☞ S. 152). Auf der etwa 20 km langen Strecke, die ohne Steigungen gemütlich durch Feld und Wiesen führt, kann man herrlich Rad fahren oder inlineskaten.

Dauer: etwa eine gemütliche Stunde

Ein echtes Erlebnis von Mai bis September ist die Ruderbootfähre, die auch die Fahrräder auf die andere Seite der Wümme transportiert. Diese wird von dem urigen Restaurant Zur Schleuse (☞ S. 29) betrieben, in dem man im Garten Kuchen essen, aber auch sehr gute bremische Küche genießen kann.

Landhaus Kuhsiel 

Auch hier fahrt ihr zunächst hinter dem Bürgerpark und Stadtwald geradeaus den Kuhgraben entlang. Am Ende, an einer T-Kreuzung, liegt auch schon das rustikale Landhaus Kuhsiel. Dort kann man nordisch-deftig essen, im Winter am prasselnden Kaminfeuer sitzen oder einfach bei Kaffee und Kuchen eine Radelpause einlegen. Die Terrasse ist im Sommer geöffnet, allerdings wegen der Steinplatten trotz Wümmeblick etwas nüchtern. Danach könnt ihr entweder wieder den Kuhgraben entlang zurück in die Innenstadt fahren, oder ihr folgt dem oben beschriebenen Weg links der Wümme entlang.
Dauer: nur zum Kuhsiel ca. eine Viertelstunde

Landhaus Kuhsiel | Oberblockland 2 | 28357 Bremen
☎ 0421/301 68 51 | www.landhaus-kuhsiel.de
Öffnungszeiten: Nov bis Apr: Do–So 11.30–21.30 Uhr, Mai bis Okt: Di–So ab 11 Uhr, Mo Ruhetag, außer bei Feierlichkeiten und gutem Wetter

Gasthaus Dammsiel ♥♥

Das Gasthaus Dammsiel befindet sich an der Wümme. Ihr nehmt wieder die oben beschriebene Strecke und macht erst dort Rast. Während das Interieur des Restaurants und die Speisekarte recht rustikal sind, ist der Sommergarten bei

schönem, warmem Wetter einfach herrlich. Hier kann man unter Bäumen ein wenig im Schatten direkt am Wasser sitzen und nachmittags an kleinen und größeren Tischen (keine Bierzeltgarnituren) Kaffee und Kuchen genießen.
Zurück geht es dann den Weg diesseits der Wümme (Blocklander Hemmstraße) unterm Hochschulring hindurch, dann rechts halten am Unisee vorbei und wieder zum Haus am Walde.
Dauer: ca. eine Stunde

Gasthaus Dammsiel | Niederblockland 32 | 28357 Bremen
☎ 0421/64 07 33 | www.dammsiel.de
Öffnungszeiten: Apr bis Okt: Di ab 15 Uhr, Mi–Fr ab 11 Uhr, Sa & So ab 10 Uhr; Nov bis Mär: Mi–Fr ab 17 Uhr, So ab 11 Uhr

★ Bio-Eis bei Kaemena ♥

Die freundliche Familie Kaemena bietet nicht nur Ferienwohnungen, sondern auch ein herrliches Eiscafé mit selbstgemachtem Speiseeis aus eigener Bio-Milch nah dem Gasthaus Dammsiel. Das Café ist beliebt und gut besucht, sodass ihr die Bänke und Sitzgelegenheiten auf dem Hof vermutlich teilen müsst. Außerdem gibt es wechselnde Ausstellungen in der Hofgalerie zu sehen – reinschauen, Eis schlemmen und ein bisschen in der Sonne sitzen: Es lohnt sich!

Familie Kaemena |Niederblockland 6 | 28357 Bremen
☎ 0421/27 33 68 | www.kaemena-blockland.de
Öffnungszeiten: Mär bis Okt: Mo–Fr 14–18 Uhr, Sa & So 11–20 Uhr. Bei schlechtem Wetter bleibt das Café geschlossen, aktuelle Infos dazu gibt es auf der Website.

Fahrradvermietung

Räder in allen Größen gibt es bei der Radstation.
Tipp: Mietet euch doch mal ein Tandem! Für 24 Euro am Tag und eine Kaution von 100 Euro könnt ihr unzertrennlich durch die Stadt radeln!

Radstation (123 Rad) | Bahnhofsplatz 14a | 28195 Bremen
☎ 0421/178 33 61
Öffnungszeiten: Mo–Fr 8–20 Uhr, Sa & So 9–20 Uhr
Bus & Bahn: Hauptbahnhof (diverse)

Rikschas

Happy Rikscha ♥♥

Wollt ihr euch von eurem Liebsten mal durch die Stadt radeln lassen und dabei in Ruhe Bremen angucken? Dann könntet ihr am Bahnhof oder in der Neustadt eine Rikscha mieten und die Stadt mit diesem ungewöhnlichen Verkehrsmittel gemeinsam erkunden. Wem's zu beschwerlich ist, der mietet sich den Fahrer gleich dazu. Hier gibt es auch tolle Angebote für Verliebte, wie die Mondscheinfahrt mit einer Flasche Sekt an Bord oder die Hochzeitsrikscha inklusive Tüll, Blumenschmuck und Dosen (☞ S. 218).

Happy Rikscha Bremen (123 Rad)
☎ 0421/3 01 56 09 | www.happy-rikscha-bremen.de
Radstation | Bahnhofsplatz 14a | 28195 Bremen
Öffnungszeiten: Mo–Fr 8–20 Uhr, Sa & So 9–20 Uhr
Bus & Bahn: Hauptbahnhof (diverse)
und Buntentorsteinweg 270 | 28201 Bremen
Öffnungszeiten: Mo, Di, Do & Fr 10–18 Uhr, Mi & Sa 10–13 Uhr
Bus & Bahn: Kirchweg (Linie 4)

Inlineskaten – Hand in Hand über den Asphalt gleiten

Happy Skater ♥♥

Wem zwei Räder zu wenig sind, der kommt in Bremen auch auf seine Kosten, denn die Umgebung eignet sich hervorragend für Inline-Touren – nicht nur entlang der Weser oder im Blockland. Es werden auch Skaternächte und anspruchsvolle Wesertouren geboten!

Am Haus am Walde (☞ S. 152) ist die Informations- und Ausleihstation von Happy Skater.

Happy Skater | Braunschweiger Str. 55 | 28205 Bremen
☎ 0421/79 01 20 | www.happyskater.de
Bus & Bahn: Weserstadion (Linie 3)

Weser-Inline-Tour ♥

Hand in Hand auf Rollen – das können sportive Verliebte bei der Weser-Inline-Tour erleben, die von Wilhelmshaven, Oldenburg und Bremerhaven nach Bremen führt und an der Tausende von Skatern teilnehmen. Unterschiedliche Streckenlängen ermöglichen euch eine ganz individuelle Tour je nach Kondition. Die Weser-Inline-Tour ist ein Muss für alle, die skaten und Spaß haben wollen!

www.weser-inline-tour.de

Ausflug mit Inlineskates zur Insel Elsflether Sand ♥♥

Ihr nehmt die Fähre nach Farge und fahrt dann hinter dem Anleger die Juliusplate geradeaus. Rechts biegt ihr auf den Weserdeich (Deichstraße) Richtung Orth ab. Hinter der Ortschaft müsst ihr euch rechts halten und fahrt dann über den Vordeich auf die Insel Elsflether Sand. Bei der ersten Weggabelung nehmt ihr den Sandweg rechter Hand (zu Fuß) zum Sandstrand. Hier stellt sich garantiert Meer-Feeling ein!
Tipp: Fernglas mitnehmen und Schiffe gucken!

Kutschfahrten

Hedeler ♥♥♥

Wer sagt eigentlich, dass Kutschen nur bei einer Hochzeit zur Kirche fahren oder ausschließlich in Österreich unterwegs sind? Wer sich eine besonders romantische Fahrt durch Bremen bzw. durch das Bremer Umland gönnen möchte, der fragt bei Alfred Hedeler an. Der berät euch gerne und fährt mit euch ein oder zwei Stündchen ins Grüne.

Hedeler – Kutsch- und Kremserfahrten
Aumunder Heide 10 | 28755 Bremen
☎ 0172/916 00 65 | 0421/62 11 44 | Treffpunkt nach Absprache

✯ Auf Schienen und mit Pferdestärken rund ums Künstlerdorf ♥♥

Start- und Zielpunkt : Bremen Hauptbahnhof

Ihr fahrt morgens mit dem Moorexpress nach Worpswede (☞ S. 92). Mit dieser gemütlichen Art des Bahnreisens könnt ihr die Landschaft in Ruhe genießen, im ruhigen Tuckertempo durchquert ihr Wiesen und Felder. In einer Dreiviertelstunde erreicht ihr Worpswede. Dort steigt ihr am Worpsweder Bahnhof, einem schönen Jugendstil-Gebäude, aus. Am Bahnhof lasst ihr euch nach vorheriger Absprache von einem der Kutscher von Friedrich Broka abholen, wenn ihr vorher nicht selbst zu Fuß ein wenig das Künstlerdorf erkunden wollt. In gemütlichem Tempo geht es dann mit einem nordischen Urgestein auf eine Tour eurer Wahl. Angeboten werden z. B. Rundfahrten um den Weyerberg mit einer Dauer von ein bis zwei Stunden oder in die Hammeniederungen (zwei bis vier Stunden).
So zuckelt ihr sehr gemütlich auf ruhigen Wegen und zwischen sich wiegenden Birken dahin und könnt in Ruhe die Gegend anschauen (und euch gegenseitig tief in die Augen!).
Nach der Rundfahrt könnt ihr euch wieder am Bahnhof absetzen lassen. Dort könnt ihr dann eine kleine oder große Stärkung zu euch nehmen. Zurück fahrt ihr wieder mit dem gemütlichen Moorexpress nach Bremen.

Sportliche Alternative: Nach Worpswede das Fahrrad mitnehmen und nach der Kutschfahrt auf dem eigenen Drahtesel die etwa 25 km nach Bremen zurückfahren.
Ihr fahrt die Bahnhofstraße hinunter, bis ihr auf die Findorff-

straße trefft. Dort haltet ihr euch links. Unten an der T-Kreuzung biegt ihr rechts ab in die Hembergstraße und haltet euch dann rechts, sodass ihr euch auf der Ostendorfer Straße befindet. Nun fahrt ihr auf dem Radweg einige Kilometer immer diese Straße entlang, die hinter Worphausen und einer Rechtskurve zur Falkenberger Landstraße wird. Der folgt ihr weiterhin, passiert Falkenberg und Lilienthal. Rechts taucht dann die Kanuscheune Lilienthal (☞ S. 96) auf, kurz danach müsst ihr rechts in den Truperdeich einbiegen (wenn ihr rechts am Borgfelder Landhaus seid (☞ S. 30), seid ihr ein Stück zu weit gefahren) und dann links in den Jan-Reiners-Weg. Nun liegt ein sehr schönes Stück Radweg vor Euch, das durch Feld und Wiesen führt und nur durch die Überquerung der Autobahn kurz an Charme verliert. Dann taucht ihr auch schon in das Wohngebiet in Horn-Lehe ein, lasst das Freibad Horn rechts liegen. Ihr überquert die Vorstraße und fahrt geradeaus weiter (Helmer). Am Ende der Straße fahrt ihr rechterhand über die Eisenbahnschienen und direkt dahinter rechts in den Radweg. Nun müsst ihr euch bei der nächsten Radwegkreuzung rechts halten und kommt dann direkt auf die H.-H.-Meier-Allee, die über den Stern ins Zentrum führt.

Dauer: ca. 2,5 Stunden

Friedrich Broka | Bahnhofstraße 18 |27726 Worpswede
☎ 04792/12 93 | www.worpswede-kutschenerlebnis.de
Treffpunkt Bahnhof Worpswede oder nach Vereinbarung

Bremen erstreckt sich weit die Weser entlang, auch gen Norden breitet sich das Stadtgebiet noch ein ganzes Stück aus. Und auf dem Weg nach Bremerhaven sind noch einmal 60 Kilometer zu überwinden. Sehenswert ist auch die niedersächsische Umgebung – ob per Bahn oder bequem mit dem Auto.

Mit dem Auto über Land

Ob Teufelsmoor, Fischerhude oder das Künstlerdorf Worpswede – Bremens Umland ist eine Reise wert.

Im verträumten Fischerhude, das etwa 30 km von Bremen entfernt ist, könnt ihr auf dem Otto-Modersohn-Pfad auf den Spuren des Künstlers Otto Modersohn wandeln (träumte er hier von seiner Paula?). Auf dem Wümmedeich gelangt man zum Otto Modersohn-Museum, das die Bilder und Zeichnungen des Künstlers ausstellt.

Noch mehr Kunst kann man im Künstlerdorf Worpswede bestaunen. Hier gibt es zahlreiche Museen und Galerien sowie den berühmten Barkenhoff, in dessen Garten es sich herrlich

flanieren lässt. Viele wunderschöne Spaziergänge hat Jürgen Teumer in seinem Buch »Spaziergänge in Worpswede« zusammengetragen – für euch Verliebte ist vielleicht der sogenannte »Verlobungsweg« eine Anregung ...
Tipp: Ein kleines Picknick oder schlicht eine Pause in der Sonne kann man besonders schön auf der Wiese zu Füßen des Niedersachsensteins mit Blick über das Teufelsmoor machen.

Autovermietung

Wer kein eigenes Auto hat, kann sich selbstverständlich bei den gängigen Autovermietungen einen Wagen mieten – vielleicht auch mal ein Cabrio?
Bei Sixt im Hauptbahnhof (Ausgang Bürgerweide) etwa könnt ihr vom kleinen Smart-Cabrio-Flitzer bis hin zum luxuriösen BMW alle möglichen Wagen bekommen.

Sixt | Theodor-Heuss-Allee 6 | 28215 Bremen
☎ 01805/25 25 25 | www.sixt.de
Öffnungszeiten: Mo–Fr 7–20 Uhr, Sa 8–13 Uhr, So 14–18 Uhr;
Rückgabe 24 Stunden möglich
Bus & Bahn: Hauptbahnhof (diverse)

Bus & Bahn

In der Touristik-Information (☞ S. 61) erhaltet ihr besondere Fahrkarten, mit denen ihr Straßenbahn und Bus nach Herzenslust nutzen könnt und die weitere Ermäßigungen ermöglichen, so z. B. die ErlebnisCARD Bremen: Damit habt ihr freie Fahrt in Straßenbahnen und Bussen. Außerdem erhaltet ihr vergünstigte Preise in einigen Museen und Theatern und für manche Stadtführungen.

Moorexpress ♥♥

Für die (Bahn-)Nostalgiker unter euch sei der Moorexpress empfohlen. Verschiedene historische Bahnfahrzeuge fahren auf der Strecke zwischen Bremen Hauptbahnhof und Stade und halten in Worpswede, Bremervörde und vielen anderen schönen kleinen Orten auf dem Weg durch das Teufelsmoor und darüber hinaus. Fahrkarten können ohne Aufpreis direkt im Zug erstanden werden, allerdings ist es in den Sommermonaten ratsam, die Karten sehr rechtzeitig zu kaufen und einen Sitzplatz zu reservieren.

Bremer KartenKontor | SATURN Bremen (in der Galeria Kaufhof)
Papenstraße 5 | 28195 Bremen
☎ 0421/3 08 22 33 | www.moorexpress.net
Bus & Bahn: Obernstr. (Linie 2/3), Martinistr. (Linie 25)

Boot & Schiff

Mit Ausflugsdampfern und Ruderbooten, mit Paddelbooten oder Segelschiffen kann man sich in Bremen über die Weser oder auf ihr bewegen. Aber auch die Wümme und andere kleine Flussläufe laden zu Bootspartien ein.

Schiffsfahrten

Hal Över ♥♥

Die Reederei Hal Över betreibt die großen und kleinen Schiffe (besonders sehenswert ist die Hansekogge Roland von Bremen), veranstaltet Hafenrundfahrten und Weserfahrten bis Bremerhaven, Frühstücks- und Schlemmerfahrten und sogar Candle-Light-Dinner auf dem Wasser. Die Hafenrundfahrten sind nicht so spektakulär. Aber wer sich die Wege an der Weser nicht erlaufen oder erradeln will und das doch etwas altmodische Ambiente dieser klassischen Schiffe mag, kommt hier auf seine Kosten.

Die kürzeste und lustigste angebotene Bootstour ist sicherlich die mit der Sielwallfähre, die ihre Passagiere nach einer verspielten Pirouette (manchmal sind es auch zwei, wenn der Kapitän besonders guter Laune ist) vom Osterdeich ans andere Weserufer und wieder zurück bringt. Dort wartet der bremische Hausstrand, an dem Beach Volleyball und Frisbee gespielt wird, wo Kinder kreischend in der Weser plantschen und Eltern sich auf den Bierzeltgarnituren des Café Sand (☞ S. 20) niederlassen können.

Von hier aus kann man zu Fuß oder mit dem Rad durch die Schrebergärten an den Werdersee gelangen, wo man im Sommer unter Aufsicht der DLRG oder an anderen Stellen in diesen Seitenarm der Weser springen kann. Weite Liegewiesen laden zum Bräunen ein. Besonders schön sind die Stege an der Kleinen Weser, an denen man Ruder- und Segelboote vorbeiziehen sehen kann.

Tipp: Auf einem der Stege am Werdersee an der kleinen Weser eine gute Flasche Wein öffnen und in warmen Sommernächten im Mondschein schwimmen gehen!

Hal Över | Gesellschaft für innovative Stadttouristik
Schlachte 2 | 28195 Bremen | ☎ 0421/33 89 89 | www.hal-oever.de
Bus & Bahn: Martinistr. (Linie 25) | Preise und Abfahrtszeiten aller Hal Över-Fähren findet ihr als Faltblätter am Pavillon an der Schlachte oder auf der Website.

Nostalgisch: Torfkahnfahrten

Torfkähne Bremen ♥♥

2005 wurde in Bremen Findorff ein besonderer Hafen eingeweiht: der Torfhafen. Hier starten und landen die alten Torfkähne, in denen man sich mit etwa 15 Personen auf Bänken gegenüber sitzt und mit denen man wunderschöne Ausflüge ins Blockland, nach Lilienthal oder Osterholz-Scharmbeck machen kann. Je nach Route kann man sogar ein oder zwei Schleusungen miterleben. Sehr romantisch: Die Lampionfahrten im Herbst!

Torfkähne Bremen | Neukirchstraße 1/Eckhaus | 28215 Bremen
☎ 0421/3 50 66 86 | www.torfkaehne-bremen.de
Information & Buchung: Mo–Fr telefonisch 10–16.30 Uhr,
persönlich 11–16.30 Uhr
Bus & Bahn: Findorffallee (Linie 27)

Hammehütte Neu Helgoland

In Worpswede liegt ein schönes altes Fachwerkhaus, in dem sich das Restaurant Hammehütte Neu Helgoland befindet. Von hier aus könnt ihr auf der Hamme eine Paddeltour starten oder von Mitte April bis Mitte Oktober eine Torfkahnfahrt genießen.
Ein echtes romantisches Highlight sind die Sonnenuntergänge über der Hamme, die man vom Wintergarten des Restaurants aus genießen kann. Im Winter wird es hier außerdem durch den Kaminofen gemütlich warm ...

Hammehütte Neu Helgoland | Hammeweg 19 | 27726 Worpswede
☎ 04792/76 06 | www.hammehuette.de
Öffnungszeiten: Apr bis Okt: täglich ab 10 Uhr,
Nov bis Mär: Mi–So ab 11.30 Uhr

Adolphsdorfer Torfschiffer e.V. | Adolphsdorfer Str. 1 | 28879 Grasberg
☎ 04792/95 12 00 | www.torfschiffe-ev.de

Heinz Kommerau | Neu Bergedorfer Damm 7 | 27726 Worpswede
☎ 04792/6 43 | www.torfkahn-worpswede.de

Kanu Scheune ♥♥

»Haben Sie schon mal die Wümme im Morgennebel gesehen oder die Ruhe eines Sonnenunterganges an der Hamme genossen? Nein? Dann wird es höchste Zeit, dass Sie dies nachholen!« Dieser Aufforderung der Lilienthaler Kanu-Scheune ist kaum etwas hinzuzufügen. Bei dem Bootsverleih kann man Zweier-Kanus oder -Canadier für Tagestouren oder längere Fahrten ausleihen. Wer sich das nicht allein zutrauen möchte, kann auch bei kürzeren oder längeren organisierten Touren mitpaddeln.

Kanu-Scheune | Hauptstraße 2 | 28865 Lilienthal
☎ 04298/69 75 95 | www.kanuscheune.de | Öffnungszeiten: auf der Website
Bus & Bahn: Warfer Landstr. (Linie 30)

Bootshaus Ramke ♥♥

Im Bootshaus Ramke kann man sich an der Munte, im Norden des Bürgerparks, ebenfalls 2er- Kanadier oder -Kajaks ausleihen.
Eine Tour, wie sie das Bootshaus empfiehlt und die einen guten Einstieg für Hobbypaddler bietet: Entlang der kleinen Wümme fahrt ihr Richtung Dammsiel, passiert eine Handschleuse und paddelt weiter bis zum Gasthaus Zur Schleuse. Hier könnt ihr an Land gehen und eine kleine Pause einlegen (☞ S. 29) und im Garten des Lokals eine kleine Stärkung zu euch nehmen. Dann paddelt ihr weiter auf dem Gröpelinger Fleet durchs Naturschutzgebiet zum Maschinenfleet und zurück in Richtung Bootshaus. Auf der Tour bieten sich einige

Möglichkeiten zum Landgang – und natürlich auch für ein romantisches Picknick! Für weitere Tourempfehlungen könnt ihr gerne im Bootshaus nachfragen.

Bootshaus Ramke | Munte 3 | Ahornweg 5 | 28213 Bremen
☎ 0421/21 18 00 oder 21 33 35
www.bootshaus-ramke-bremen.de
Öffnungszeiten (nach vorheriger Anmeldung): Sa & So 10–12 Uhr (nur ganztägiger Verleih), wochentags auch für vier Stunden

Kanu-Düwel Teufelsmoor ♥♥

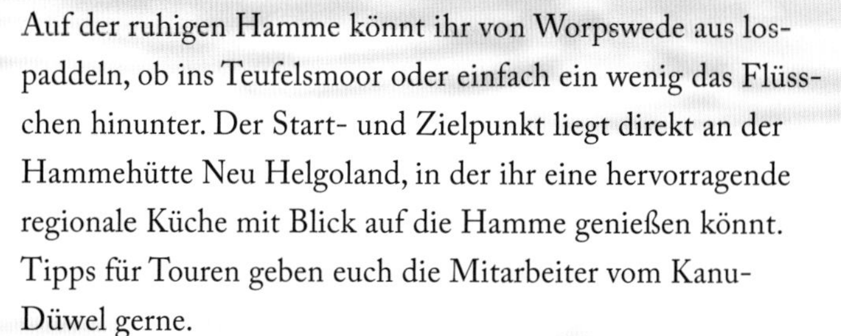

Auf der ruhigen Hamme könnt ihr von Worpswede aus lospaddeln, ob ins Teufelsmoor oder einfach ein wenig das Flüsschen hinunter. Der Start- und Zielpunkt liegt direkt an der Hammehütte Neu Helgoland, in der ihr eine hervorragende regionale Küche mit Blick auf die Hamme genießen könnt. Tipps für Touren geben euch die Mitarbeiter vom Kanu-Düwel gerne.

Kanu-Düwel Teufelsmoor | Hammeweg an der Hammebrücke (Neu Helgoland) | 27726 Worpswede
☎ 04792/38 06 (Vorbestellung nur telefonisch möglich)
www.kanu-duewel.de | Öffnungszeiten: Sa & So 10–18 Uhr, in den Sommerferien täglich ab 11 Uhr

Der besondere Tipp:

Mit dem Schiff und zum Camping auf die Insel Harriersand ♥♥

Etwa 40 km nördlich von Bremen liegt die angeblich längste Flussinsel Europas, Harriersand. Hier ziehen kleine Segelboote, aber auch imposante Schiffe vorbei. Bei Sonnenuntergang am Strand lässt der Blick auf die beleuchtete Hafenanlage Brakes am anderen Ufer die Herzen höher schlagen. Die Gezeiten lassen die Weser von einer kleinen Fahrrinne mit Watt auf eine Breite von ca. einem Kilometer ansteigen. Der weiße Sandstrand und der Sonnenuntergang lassen richtige Urlaubsgefühle aufkommen. Denn das ist das Besondere an Harriersand: Man muss nicht weit fahren und kann doch sofort so weit weg sein.

Doch da die letzte Fähre schon um 20 Uhr zurückfährt, lohnt es sich – z. B. für die Flasche Wein am Strand bei Sonnenuntergang – über Nacht zu bleiben. Am romantischsten ist es, wenn man auf dem Campingplatz sein Zelt aufschlägt, man kann aber auch in einem der Wochenendhäuschen im kleinen Feriendorf nächtigen. Der Zeltplatz liegt gleich hinter einem kleinen Deich. Auf der Zeltwiese herrscht eine lockere Atmosphäre. Lagerfeuer erhellen die Nacht, und im Zweierzelt könnt ihr euch noch ein bisschen näher kommen … Der freundliche Platzwart Alfred, ein Kneipier mit 25 Jahren Thekenerfahrung in der Bremer Neustadt, nimmt es nicht zu genau, achtet aber doch auf die Einhaltung der Ruhezeiten und darauf, dass keine

Fahrzeuge auf den Platz kommen. Wohnwagen und Wohnmobile sind nicht erlaubt. Vom Süd-Ende, von Rade aus, ist die Insel nämlich auch über eine Brücke erreichbar.
Auf der Insel selbst ist das Lebenstempo angenehm langsam. Hier leben z. B. die letzten beiden Gallionsfigurenschnitzer! Es gibt keine Einkaufsmöglichkeiten, und in der Strandhalle wird – wie es sich für eine Strandhalle eben gehört – nachmittags Kaffee und Kuchen und abends rustikales Essen serviert. Einkaufen könnt ihr in Brake selbst, wo kleine Lebensmittelgeschäfte unweit des Anlegers für die notwendige Überlebensration sorgen. Die obligatorischen Eiscafés, zwei an der Zahl, laden hier zum Ausruhen ein. Allerdings zieht es die meisten bald wieder auf »ihre Insel« zurück.

Fahrt nach Harriersand:

☞ **mit dem Schiff** Oceana ab Martinianleger in der Innenstadt etwa zwei Stunden gemütlich vorbei an den Waller Häfen, Vegesack und Farge bis Brake fahren, dort am Anleger in die Guntsiet umsteigen, eine kleine Personenfähre aus den 1960er Jahren. Fahrpreis Oceana bis Brake: hin und zurück pro Person 12 Euro. Fahrpreis Guntsiet: einfache Fahrt pro Person 0,80 Euro. Weitere Fahrpläne und -preise unter www.hal-oever.de und www.lit.de/deutsch/leistungen/weserfaehre.html

☞ **mit der Bahn** von Bremen nach Brake, vom Bahnhof etwa 10 Minuten Fußweg zur Fähre Guntsiet

☞ **mit dem Fahrrad:** mit dem Zug bis nach Bremen Vegesack fahren, dann noch etwa 20 km Strecke bis zum Nordende der Insel an der Weser entlang über Neuenkirchen und Rade, hier über die Brücke auf die Insel

Campingplatz auf Harriersand

☎ 04296/13 93 oder 0421/34 39 32

Rundflüge & Ballonfahrten

WeFa-Luftwerbung & Flugcenter ♥♥

Schmetterlinge im Bauch und himmelhoch jauchzend? Das ist noch steigerungsfähig – mit einer gemeinsamen Ballonfahrt oder einem Rundflug im Wasserflugzeug über Bremen. Unter euch die glitzernde Weser und der weite Blick Richtung Meer ...

WeFa-Luftwerbung & Flugcenter
Zum Lankenauer Höft 14 | 28197 Bremen
☎ 0421/55 80 13 | www.wefa-flugcenter.de
Bus & Bahn: Rablinghausen (Linie 24)
Fährverbindung und Hafenrundfahrt mit Hal Över
zum neuen Ballon- und Wasserflugcenter am Lankenauer Hafen.

Phönix Ballooning Bremen ♥♥♥

Heißluftballonfahrten über Bremen und umzu könnt ihr auch bei Phönix Ballonfahrten buchen. Für Verliebte gibt es hier sogar eine besondere Fahrt: Just the two of us. Zum Heiratsantrag, zum Hochzeitstag oder einfach für einen besonderen Moment … nur ihr zwei, der Pilot und eine Flasche Champagner sind dabei.

Heide und Hanse Luftfahrt GmbH
Im Dorf 48 | 21256 Handeloh
☎ 0421/1 49 99 | www.phoenix-ballooning.de
Je nach Witterung gibt es unterschiedliche Startpunkte in Bremen.

Liebe ist ... wie der freie Fall

Fallschirmsprünge ♥♥

In der Fallschirmsportschule Ganderkesee, etwa 20 km südwestlich von Bremen, könnt ihr den freien Fall selbst ausprobieren. In Form eines Tandemsprungs mit einem erfahrenen Tandemmaster erlebt ihr die Welt von einer ganz anderen Perspektive aus ... Das sorgt für noch mehr Schmetterlinge im Bauch!

Fallschirmsportschule Ganderkesee

Flugplatz | 27777 Ganderkesee

☎ 04222/7 09 60 | www.yoursky.de | Preis pro Person: 199 Euro

Vorhang auf!

Kunst, Kultur & Events

Im »Dorf mit Straßenbahn«, wie die Bremer ihre Stadt gern nennen, ist immer viel los. Ob Hochkultur in den kleinen und großen Theatern, Museen oder Galerien, ob cineastischer Herzschmerz in den Filmsälen der Stadt oder Musikkonzerte unter freiem Himmel: Bremen bietet für Kulturlustige eine ganze Menge.

Preiskategorien:

(10) bis 10 Euro

(10)(10) 11–20 Euro

(10)(10)(10) ab 20 Euro

Kinos

Gemütlich & alternativ: Programmkinos

Atlantis Filmtheater ♥♥ (10)

Das Atlantis ist ein kleines, aber sehr feines Kino mit 84 Plätzen mitten in Bremens »guter Stube«, der Böttcherstraße. Hier gibt es als besonderes Angebot einmal im Monat französische Filme als Sneak Preview mit deutschen Untertiteln, aber auch Lesungen, Matineen u. v. m. Wenn ihr mögt, könnt ihr euch vor oder nach dem Film ein bisschen Zeit nehmen und euch im gemütlichen Filmcafé mit Rotwein oder Bier auf den Film einstimmen bzw. den Kinoabend ausklingen lassen. Durch die Butzenscheiben kann man das Treiben in der Böttcherstraße von oben beobachten.

Atlantis Filmtheater | Böttcherstraße 4 | 28195 Bremen
☎ 0421/79 25 50 | www.bremerfilmkunsttheater.de
Bus & Bahn: Domsheide (diverse)
Superkinotag: Mo & Di 5 Euro

Gondel   ⑩

Die Gondel liegt, etwas versteckt hinter einer Tankstelle, im gutbürgerlichen Schwachhausen. Mit 180 Plätzen ist dieses Kino immer noch gemütlich und überschaubar. Auch hier werden zuweilen Filme im Original mit Untertiteln gezeigt. Liebesromanzen auf der Leinwand und in den Kinosesseln sind hier keine Seltenheit! In dem jüngst renovierten französischen Café-Bistro könnt ihr einen guten Rotwein genießen.

Gondel | Schwachhauser Heerstr. 207 | 28211 Bremen
☎ 0421/79 25 50 | www.bremerfilmkunsttheater.de
Bus & Bahn: Kirchbachstraße (Linie 1/4/5)
Superkinotag: Mo & Di 5 Euro

Schauburg ♥ ⑩

Mitten im quirligen Steintorviertel befindet sich die Schauburg, seit Jahrzehnten eine Institution in Bremen. Mit regelmäßigen Sneak Previews – u. a. auch in der Originalsprache – vielen Filmpremieren und -diskussionen, Konzerten oder Frühstückskino sowie zwei Kinosälen (270 bzw. 89 Plätze) zählt die Schauburg zu den beliebtesten Kinos der Bremer.

Schauburg Kino | Vor dem Steintor 114 | 28203 Bremen

☎ 0421/79 25 50 | www.bremerfilmkunsttheater.de

Bus & Bahn: Brunnenstraße (Linie 2/3/10)

Superkinotag: Mo & Di 5 Euro

★ Cinema im Ostertor ♥♥♥ ⑩

Das Cinema ist ebenfalls eine Kinoinstitution im Bremer Ostertorviertel. Zwischen Mainstream und Programmkino bietet das frisch renovierte Kino Filme für jeden Geschmack. Das romantische Highlight und ein Bremer Geheimtipp: In der letzten Reihe links im Kino befindet sich eine durchgezogene

Kinobank für zwei, auf der man sich ohne Armlehnen gemütlich näher kommen kann …

Cinema | Ostertorsteinweg 105 | 28203 Bremen
☎ 042 / 70 09 14 | www.cinema-ostertor.de
Bus & Bahn: Sielwall (Linie 2/3/10)
Superkinotage: Mo–Mi 5 Euro

Kino 46 ♥ ⑩

Im Bremer Stadtteil Walle liegt ein besonderes Programmkino, das Kino 46. Hier gibt es Filme mit monatlich wechselnden Themenschwerpunkten zu sehen; jedes Jahr im Januar findet außerdem das hochkarätige Internationale Bremer Symposium zum Film in Kooperation mit der Universität Bremen statt. Das Café 46 lädt zu Lesungen und Diskussionsveranstaltungen oder einfach zu einem gemütlichen Gläschen zu zweit ein. Die Reise in den Bremer Westen lohnt sich vor allem für Freundinnen und Freunde anspruchsvoller Filmkultur! Seit einiger Zeit plant das Kino 46 einen Standortwechsel innerhalb Bremens, informiert euch über den aktuellen Stand auf der Webseite.

Kino 46 / Kommunalkino Bremen e.V.
Waller Heerstraße 46 | 28217 Bremen
☎ 0421/3 87 67 31 | www.kino46.de
Bus & Bahn: Gustavstraße (Linie 2/10/665/680)

City-Filmtheater ♥ ⑩

Das City zeigt in mehreren Kinosälen (78, 95 und 156 Plätze) Mainstream- und Autorenkino sowie Improtheaterstücke. Eine gemütliche Alternative zu den Multiplex-Kinos!

City-Filmtheater | Birkenstraße | 28195 Bremen
☎ 0421/16 53 100 | city.kinoinbremen.de | Bus & Bahn: Herdentor (diverse)

Die Kinogiganten

Große Plüschsitze laden in diesen Multiplexkinos zu einem Kinovergnügen in XXL ein. Nicht unbedingt romantisch, aber gigantisch kann man hier vom Action-Film bis zur Hollywoodschmonzette alles sehen, was sich auf dem großen Filmmarkt tummelt. Zudem halten die Kinos Popcorn-Tüten und andere »kulinarische« Arrangements für Zwei bereit – als Nervennahrung und zum Versüßen des Abends!

Cinemaxx

Mitten in der Innenstadt, nur wenige Minuten Fußweg vom Hauptbahnhof entfernt hinter dem Überseemuseum befindet sich das Cinemaxx mit 10 Kinosälen (jeweils 100 bis 600 Plätze).

Cinemaxx | Breitenweg 27 | 28195 Bremen

☎ 01805/24 63 62 99 | www.cinemaxx.de/bremen

Bus & Bahn: Hauptbahnhof (diverse)

Kinotag: Di 5 Euro, Studentenermäßigung: Mo, Mi & Do

CineStar Kristall Palast (Weserpark)

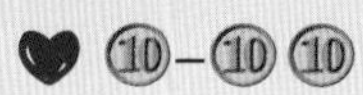

Der CineStar Kristall Palast und liegt parkplatzfreundlich im Einkaufszentrum Weserpark im bremischen Osterholz und lockt zahlreiche Filmfans in seine großen Kinosäle. Einige Filme werden hier in 3D gezeigt.

CineStar Kristall Palast | Hans-Bredow-Straße 9 | 28307 Bremen
☎ 0421/42 75 555 | www.cinestar.de
Bus & Bahn: Weserpark (Linie 25/38/40/41) | Kinotag: Di 5 Euro (3D-Vorstellungen 8 Euro), Studentenermäßigung Mo–Do

Cinespace Multiplex Kino

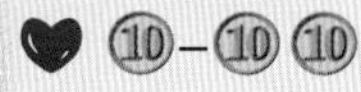

Dieses Multiplexkino bietet auf dem ehemaligen Werftgelände der AG Weser und dem ehemaligen Space Park in zehn Kinosälen technisch hochwertigen Bild- und Klanggenuss. Es gibt extra Filme für »Ladies« und für »Kerle« – wem der Sinn also nach romantischen Filmen steht, sieht sich am besten in der Damenabteilung des Kinoangebots um.

Cinespace | AG-Weser-Straße 1 | 28237 Bremen
☎ 0421/50 09 90 | www.cinespace.de
Bus & Bahn: Use Akschen (Linie 3)
Super-Kino-Spar-Tag: Di 4,50 Euro (Zuschläge für 3-D)
Studentenermäßigung Mo, Mi & Do

Open Air Kino

Haus am Walde

In Kooperation mit dem Haus am Walde veranstaltet das Kino 46 im Sommer jeden Freitag nach Sonnenuntergang ein Open Air Kino. Der Eintritt ist frei, man tummelt sich in lauen Sommernächten mit vielen Kinofans auf Bierbänken und freut sich bei Bier und Brezeln an Filmklassikern.

Tipp: Bei guter Wettervorhersage rechtzeitig Plätze sichern!

Haus am Walde
Kuhgrabenweg 2
28359 Bremen
☎ 0421/21 27 65
www.hausamwalde-bremen.de
Bus & Bahn: Kulenkampfallee (Linie 8), Parkallee (Linie 630/670)

Schlachthof

Weitere Open-Air-Kinoveranstaltungen findet ihr im Schlachthof, wo im Juli in der sogenannten Arena sommerliche Filme gezeigt werden.

Kulturzentrum Schlachhof | Findorffstraße 51
☎ 0421/37 77 50 | www.schlachthof-bremen.de
Bus & Bahn: Daniel-v.-Büren-Straße (Linie 10/63s) oder Theodor-Heuss-Allee (Linie 25)

Open-Air-Kinoreihe

Der Weser Kurier und das Cinemaxx veranstalten seit 2007 gemeinsam eine Open-Air-Kinoreihe, bei der leichte sommerliche Komödien z. B. im Südbad in Bremen, in Worpswede oder Bremen Vegesack auf die Kinoleinwand gebracht werden. Der Eintritt ist frei!

Theater, Musical & Oper

Dramatisches und Herzschmerz auf offener Bühne

Das Bremer Theater gilt seit jeher als sehr experimentierfreudig, was sich heutzutage nicht nur auf die Inszenierungen, sondern auch auf die Veranstaltungsorte bezieht. Vom U-Boot-Bunker Valentin bis zum Güterbahnhof, von der Kirche bis zum Sitzungssaal der Bremer Bürgerschaft oder einer schwimmenden Bühne im Hafen: Die Regisseure lassen an den kuriosesten Orten die Puppen tanzen. Lasst euch überraschen!

Theater Bremen ♥♥ ⑩–⑩⑩⑩

Das Theater Bremen besteht aus vier Theaterhäusern: Das große Theater am Goetheplatz (im Volksmund heißt es schlicht Goethetheater), in dem die großen Opern und Aufführungen gegeben werden und dessen Foyer wechselnde Kunstausstellungen beherbergt, das Neue Schauspielhaus, in dem sehenswertes Sprech- und Tanztheater stattfindet, der Brauhauskeller, in des-

sen gemütlichem Gewölbe ungewöhnliche und experimentelle Stücke aufgeführt und Lesungen abgehalten werden, und schließlich das Moks, das bremische Kinder- und Jugendtheater mit Stücken nicht nur für die Kleinen.

Nach einem beschwingten Opern- oder Theaterabend zieht es viele Gäste ins Theatro (☞ S. 11), das direkt im Theatergebäude untergebracht ist. Besonders im Sommer sitzt man herrlich auf dem Goetheplatz – unter Palmen und im flackernden Licht der Fackeln. Doch auch drinnen könnt ihr den Abend auf den gemütlichen roten Sitzecken im hinteren Teil des Restaurants ruhig und romantisch ausklingen lassen.

Theater am Goetheplatz | Neues Schauspielhaus | Brauhauskeller | Moks
Goetheplatz 1–3 | 28203 Bremen
☎ 0421/36 53 333 | www.bremertheater.com
Theaterkasse & Telefon. Bestellung: Mo–Fr 11–18 Uhr, Sa 11–14 Uhr
Abendkasse: eine Std. (Goethetheater & Neues Schauspielhaus) bzw. eine halbe Std. (Brauhauskeller & Moks) vor Vorstellungsbeginn
Bus & Bahn: Theater am Goetheplatz (Linie 2/3)
Die Eintrittskarten (außer für das Moks) gelten als Fahrausweise in den Preisstufen 1 (Bremen), 11 und S in allen VBN-Verkehrsmitteln, jeweils drei Stunden vor und nach der Vorstellung.

bremer shakespeare company

Die shakespeare company in der Neustadt ist ein Theater in Selbstverwaltung, das neben den Stücken des »Hausautors« auch eigene Stücke aus der Dramatikerwerkstatt des Theaters aufführt. Besucht doch mal die kostenlosen öffentlichen Proben, da könnt ihr Romeo und Julia beim Üben beobachten! Nach einem Theaterabend könnt ihr noch im angeschlossenen Restaurant Falstaff (☞ S. 10) einen Wein oder kleine Speisen zu Euch nehmen. Gemütlich sitzt man hier direkt rechts neben der Tür in der Sitzecke; der offene, helle Lokalraum bietet allerdings keine sichtgeschützte Ecke. Im Sommer kann man auch draußen etwas rustikal unter Bäumen auf Bierbänken sitzen.

Tipp: Die shakespeare company begibt sich im Sommer auch auf die andere Seite der Weser und inszeniert unter dem Titel »Shakespeare im Park« in lauen Sommernächten auf der Melcherswiese im Bürgerpark. Wenn die Vorstellungen mal nicht dem Regen zum Opfer fallen, kann man hier traumhafte Theaterabende erleben.

bremer shakespeare company | Theater am Leibnizplatz | 28066 Bremen
☎ 0421/50 02 22 | www.shakespeare-company.com
Bus & Bahn: Theater am Leibnizplatz (Linie 4/5/6)
Studentenermäßigung

Theaterhaus Schnürschuh

Dieses kleine, aber feine Theater in der Neustadt mit seinen 100 Plätzen bietet neben einem hervorragenden Programm für Jugendtheater abwechslungsreiche Inszenierungen: Improvisationstheater, Stücke über Bremen, wie man es noch nie sah, u. v. m.

Theaterhaus Schnürschuh | Buntentorsteinweg 145 | 28201 Bremen
☎ 0421/55 54 10 | E-Mail: mailto:karten@schnuerschuh-theater.de
www.schnuerschuh-theater.de
Bus & Bahn: Gneisenaustraße (Linie 4/5)

Schwankhalle ♥ ⑩⑩

Ebenfalls in der Neustadt befindet sich die Spielstätte des Jungen Theaters Bremen, die sich zu einem regen Kulturzentrum gemausert hat. In der Schwankhalle kann man Junges und Unkonventionelles, Frisches und Überraschendes sehen – Theater, Lesungen, Radiosendungen, Konzerte und Ausstellungen beherbergt diese Kulturstätte. Hier findet auch das renommierte Festival Tanz Bremen statt. Die Schwankhalle bietet für all die etwas, die es bunt und anregend mögen. Das Junge Theater spielt aber nicht nur hier, sondern auch in den überraschendsten Außenspielstätten!

Schwankhalle | Buntentorsteinweg 112 | 28201 Bremen
☎ 0421/70 01 41 (Kartenreservierungen rund um die Uhr)
www.schwankhalle.de | Bus & Bahn: Gneisenaustraße (Linie 4/5)

Musical Theater Bremen ♥♥ ⑩⑩⑩

Zwischen Hauptbahnhof und Altstadt liegt das Musical Theater Bremen, in dem es immer um große Gefühle geht. Melodien aus berühmten Musicals und von bekannten Sängern und Sängerinnen lassen hier die Herzen höher schlagen.

Musical Theater Bremen | Richtweg 7–13 | 28195 Bremen
☎ 0421/3 33 75 90 | Karten gibt es an den Vorverkaufsstellen von eventim oder im Internet unter www.eventim.de | Bus & Bahn: Herdentor (diverse)

Waldau Theater ♥♥ 🗝 ⑩⑩–⑩⑩⑩

Im Waldau Theater kommen Freunde der leichten (Musical-) Komödie, des beschwingten Heimatabends und des plattdeutschen Theaters auf ihre Kosten. Vom Kleinen Horrorladen bis zu Gastspielen des plattdeutschen Ensembles des Ohnsorg Theaters bleibt hier kein Auge trocken ... Dat du mien Leevsten büst!

Waldau Theater | Waller Heerstraße 165 | 28219 Bremen
☎ 0421/3 77 50 13 | www.waldautheater.de
Theaterkasse: Mo–Fr 9–12 Uhr & 15–18 Uhr sowie eine Stunde vor Veranstaltungsbeginn | Bus & Bahn: Waldau Theater (2/10/665/680)

Theaterschiff Bremen ♥♥♥ ⑩⑩⑩

Auf dem Theaterschiff wird Humoriges gegeben: Von Heinz Erhardt bis Loriot gibt es hier Lachsalven für jeden Geschmack – und das auf einem Schiff auf der Weser. Nach einem launigen Abend könnt ihr den Abend im angeschlossenen Restaurant an Deck ausklingen lassen. Im Sommer habt ihr hier einen traumhaften Blick auf den Sonnenuntergang!

Theaterschiff Bremen | Tiefer 104 – Anleger 4 | 28195 Bremen
www.theaterschiff-bremen.de
Bus & Bahn: Domsheide (diverse)
Ticketshop: Balgebrückstraße 8 | ☎ 0421/790 86 00 | Öffnungszeiten: Mo–Fr 9–18 Uhr, Sa 10–16 Uhr | Bus & Bahn: Domsheide (diverse)

Theater im Fischereihafen

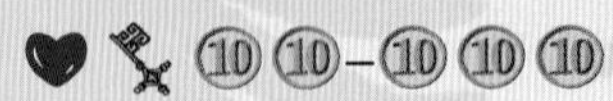

Das Theater im Fischereihafen, das TiF, liegt im sogenannten Schaufenster Fischereihafen, das sich seit den frühen 1990er Jahren vom Hafengebiet zu einer Art »Kulturhafen« gemausert hat. In der Nähe zum Hafenbecken mit einigen alten Schiffen könnt ihr im TiF Konzerte und viele Gastauftritte nationaler KünstlerInnen besuchen. Das TiF bietet einen kurzweiligen Abend in maritimem Ambiente!

Theater im Fischereihafen | Am Schaufenster 6 | 27572 Bremerhaven
☎ 0471/93 23 30 (Kartentelefon täglich von 10–18 Uhr)
www.tif-bremerhaven.de | Bus & Bahn: Am Schaufenster (Linie 504/531)

Museen & Ausstellungen

(Nicht nur) Kunst, die berührt

Liebe ist DAS Kunstthema schlechthin. Neben Sonderausstellungen von überregionaler Bedeutung, die die Bremischen Museen und Galerien beherbergen, ist ein Besuch in den unterschiedlichen Kunsthäusern immer eine Reise wert. Viele liegen sogar nur einen Steinwurf voneinander entfernt auf der sogenannten Kulturmeile im Bremer Ostertor-Viertel. Schaut euch einmal steife bremische Kaufmannsehepaare, abstrakte Kreise und Linien in harmonischer Verschlingung oder die Rodin'sche Umarmung von Bildhauer und Muse aus der Nähe an ... Inspiration inklusive!

Kunsthalle Bremen

Das erste Haus am Platze und eines der größten Museen Bremens ist die Kunsthalle Bremen. Mit weit geöffneten Türen in Richtung Wallanlagen und einem lauschigen Park samt See auf der Rückseite beherbergt sie von alten Ölschinken über beeindruckende Skulpturen bis zu schrillen Videoinstallationen ein weites Spektrum an Kunst. Hier findet ihr auch Rodins Bildhauer und seine Muse eng umschlungen ... Wegen aufwendiger Umbaumaßnahmen ist die Kunsthalle Bremen vermutlich bis Winter 2010/2011 geschlossen. Danach wird sie in neuem Glanz erstrahlen!

Tipp: Beliebt bei Paaren sind die Bänke auf der Altmannshöhe in den Wallanlagen, von der aus man unweit der Kunsthalle einen schönen Blick auf die Weser hat. Hinter der Kunsthalle einen der Wege Richtung Weser nehmen und auf dem leicht ansteigenden Weg zur Altmannshöhe hochlaufen. Eine freie Bank ergattern und Arm in Arm umrahmt von Bäumen das Treiben auf der Weser beobachten.

Kunsthalle Bremen | Am Wall 207 | 28195 Bremen

☎ 0421/329 0 80 | www.kunsthalle-bremen.de

Öffnungszeiten: Di 10–21 Uhr, Mi–So 10–17 Uhr

Bus & Bahn: Theater am Goetheplatz (Linie 2/3) oder Domsheide (diverse)

Gerhard Marcks Haus ♥ ⑩

Das Werk des Bildhauers Gerhard Marcks (1889–1981), der auch die Statue der Bremer Stadtmusikanten geschaffen hat und der einer wichtigsten deutschen Bildhauer des 20. Jahrhunderts war, ist im gleichnamigen Museum zu sehen. Sonderausstellungen weiterer Bildhauerkunst beherbergt das Haus regelmäßig; im kleinen Pavillon im angeschlossenen Garten findet ihr Exponate junger Künstler/innen aus der Region. Im Sommer kann man sogar Hobbybildhauern im Garten des Museums beim Pickeln über die Schulter schauen.

Gerhard Marcks Haus | Am Wall 208 | 28195 Bremen
☎ 0421/32 72 00 | www.marcks.de
Öffnungszeiten: Di–So 10–18 Uhr,
Führungen: Do um 17 Uhr & So um 12 Uhr
Bus & Bahn: Theater am Goetheplatz (Linie 2/3), Domsheide (diverse)

Wilhelm Wagenfeld Haus ♥ ⑩

Wusstet ihr, dass Max und Moritz nicht nur die frechen Knaben von Wilhelm Busch sind, sondern dass so auch die Designklassiker der Salz- und Pfefferstreuer von Wilhelm Wagenfeld (1900–1990) heißen? Dem berühmten Bauhausschüler ist in

Bremen ein gesamtes Museum gewidmet, in dem die Wagenfeld Stiftung den Nachlass verwaltet und ausstellt. Gemeinsam mit dem Design Zentrum Bremen finden hier hervorragende Designausstellungen statt: Von Plakaten bis Plattenspielern könnt ihr vieles bestaunen!

Wilhelm Wagenfeld Haus | Am Wall 209 | 28195 Bremen
☎ 0421/3 38 81 16 (Info/ Kasse) | www.wwh-bremen.de
oder www.wilhelm-wagenfeld-stiftung.de
Öffnungszeiten: Di 15–21 Uhr, Mi–So 10–18 Uhr, Führungen: So 13 Uhr (und nach Anmeldung) | ☎ 0421/33 999 37
Bus & Bahn: Theater am Goetheplatz (Linie 2/3), Domsheide (diverse)

Focke Museum

Das Focke Museum liegt im grünen Schwachhausen und ist das Bremer Landesmuseum für Kunst und Kulturgeschichte. Vier historische Gebäude und das moderne Haupthaus liegen in einem 4,5 Hektar großen, schönen Park, den man durch das schnörkelige Franzosentor erreicht und in dem man botanische Raritäten entdecken oder einfach lustwandeln kann. Im Focke Museum steht die wunderschöne alte Borgward Isabella, die das Herz der Autofans sicher höher schlagen lässt; außerdem lächelt der Originalkopf vom Bremer Roland und, nicht zu vergessen, grüßt der Complimentarius. Diese Ritter-Statue aus dem 18. Jahrhundert stand früher am Schütting, also neben der heutigen Handelskammer, in der Innenstadt. Wer an ihm vorbeiging, löste einen Mechanismus aus, der das Rittervisier aufklappen ließ – es sah dann so aus, als ob er dem Vorbeigehenden Komplimente machte. Auch wenn's heute nicht mehr klappt: Liebe Verliebte, eine Figur, der ihr nacheifern solltet!

Focke Museum | Schwachhauser Heerstraße 240 | 28213 Bremen

☎ 0421/69 96 00 62 (aktuelle Ansagen) | ☎ 0421/69 96 00 61

(Buchung von Führungen und museumspädagogischen Angeboten)

☎ 0421/69 96 00 50 (Museumskasse)

www.focke-museum.de

Öffnungszeiten: Di 10–21 Uhr, Mi–So 10–17 Uhr

Bus & Bahn: Focke-Museum (Linie 4/5)

Bremer Geschichtenhaus im Schnoor ❤❤ ⑩

Mitten im Bremer Schnoor steht seit einigen Jahren das Geschichtenhaus, in dem ihr euch von historischen Figuren durch drei Jahrhunderte Bremer Geschichte führen lassen könnt. Hier gibt es keine Ausstellung im klassischen Sinn, stattdessen lassen die Darsteller in historischen Kostümen die Vergangenheit lebendig werden.

Bremer Geschichtenhaus im Schnoor | Wüstestätte 10 | 28195 Bremen

☎ 0421/336 26 51 | www.bremer-geschichtenhaus.de

Öffnungszeiten: Mo 12–18 Uhr, Di–So 11–18 Uhr

Bus & Bahn: Domsheide (diverse)

Die Kunstsammlungen Böttcherstraße

Wer durch die Böttcherstraße spaziert, eine der berühmtesten Straßen Bremens, der findet hier zwei Museen: das Museum im Roselius-Haus, ein Patrizierhaus des 16. Jahrhunderts, in dem Wohngegenstände vom Mittelalter bis zum Biedermeier zu sehen sind (Ehelöffel und -betten inklusive) und das Paula Modersohn-Becker Museum, das Werke der Worpsweder Künstlerin in einem beeindruckenden Bau des umstrittenen expressionistischen Architekten Bernhard Hoetger beherbergt. Zum Ensemble der Kunstsammlungen Böttcherstraße gehören daher auch die Sammlung Bernhard Hoetger und als Dauerleihgabe der Silberschatz der Compagnie der Schwarzen Häupter aus Riga. Der Himmelssaal (☞ S. 183) ist außerdem unbedingt einen Besuch wert.

Kunstsammlungen Böttcherstraße:
Paula Modersohn-Becker Museum & Museum im Roselius-Haus
Böttcherstraße 6–10 | 28195 Bremen
☎ 0421/336 50 66/77 | www.pmbm.de
Öffnungszeiten: Di–So 11–18 Uhr
Bus & Bahn: Domsheide (diverse), Obernstraße (Linie 2/3)

Neues Museum Weserburg ♥ ⑩

In der Weserburg, wie das Museum für zeitgenössische Kunst zeitsparend im bremischen Volksmund heißt, hängt und steht, piepst und schreit Gegenwartskunst in einem wunderbaren Ausstellungsort direkt an der Weser – auf der Weserinsel, dem Teerhof. Nicht so sehr lieblich und romantisch, aber stets überraschend und irritierend präsentieren sich hier arrivierte und noch unentdeckte Künstler der heutigen Zeit in einem der größten Sammlermuseen für zeitgenössische Kunst in Deutschland.

Neues Museum Weserburg Bremen | Teerhof 20 | 28199 Bremen
☎ 0421/59 83 90 | www.weserburg.de
Öffnungszeiten: Di, Mi & Fr 10–18 Uhr, Do 10–21 Uhr, Sa & So 11–18 Uhr
Bus & Bahn: Am Brill (diverse)

Überseemuseum Bremen ♥ ⑩

Von Bremen einmal in die große weite Welt, nach Ozeanien, Asien und Afrika, und wieder zurück – dies gelingt innerhalb weniger Stunden im lichtdurchfluteten Überseemuseum, das direkt neben dem Bremer Hauptbahnhof liegt. Dieses alte Natur-, Völker- und Handelskundemuseum aus dem Jahr 1896 zeigt neue Museumskonzepte zur Ausstellung von Mensch und Natur in fernen Ländern. Über eine Brücke im ersten Geschoss kann man in eines der größten Schaumagazine Europas, das Übermaxx, gelangen, in dem ihr einen Blick in die verborgenen Schätze im Magazin werfen könnt. Dort gibt es u. a. in einer Truhe Stickarbeiten zu sehen wie z. B. kleine Tücher aus der Türkei. Die Muster, Blumen-Motive und die Farben haben eine ganz besondere Bedeutung: Sie bringen die Heiratswilligkeit der Anwärterin zum Ausdruck und zeigen zudem ihr

handwerkliches Geschick. Eine Art gestickte Kontaktanzeige ...

Überseemuseum Bremen | Bahnhofsplatz 13 | 28195 Bremen
☎ 0421/1 60 38 101 | ☎ 0421/1 60 38 99
(Info-Telefon Bandansage, Öffnungszeiten) | www.uebersee-museum.de
Öffnungszeiten: Di–Fr 9–18 Uhr, Sa & So 10–18 Uhr, während der Schulferien: Di–So 10–18 Uhr
Bus & Bahn: Hauptbahnhof (diverse)

Universum® Bremen ♥ ⑩–⑩⑩

Unweit der Bremer Uni liegt das Universum®, Bremens überaus erfolgreiches Science Museum. Hier kann man naturwissenschaftliche Phänomene in Form von Expeditionen zu Mensch, Erde und Kosmos erleben. Naturwissenschaft zum Anfassen! Nicht unbedingt romantisch, aber höchst interessant ist der Gang durch eine überdimensionale plüschige Gebärmutter und den Geburtskanal. Ihr könnt euch aber auch aneinanderklammern, wenn in einem Wohnzimmer ein Erdbeben simuliert wird. Oder Herzklopfen spüren, wenn ihr euch unter

einen riesigen, frei schwebenden Findling legen müsst. Das Museum in der markanten Form eines Wals hat neben dem Haupthaus noch ein weiteres Gebäude für Sonderausstellungen und einen Entdeckerpark vor der Tür.
Tipp: Den Vormittag meiden, denn zu dieser Zeit bevölkern meist Schulklassen und Kindergartengruppen das Museum und belagern die Exponate.
Tipp: Im Universum® findet auch ein Abendessen der ganz besonderen Art statt: das Dinner im Dunkeln ☞ S. 55.

Universum® Bremen | Wiener Straße 1a | 28359 Bremen
☎ 0421/3 34 60 | www.universum-bremen.de
Öffnungszeiten: Mo–Fr 9–18 Uhr, Sa & So 10–19 Uhr;
letzter Einlass 90 Min. vor Schließung.
Bus & Bahn: Wiener Straße (Linie 22/28/630/670), Universität/NW1 (Linie 6/20/21/22/630/670)

Nacht der Museen ♥♥♥ ⑩

Wie viele andere Städte begeht auch Bremen seit einigen Jahren eine Nacht der Museen. Dann könnt ihr mit einem speziellen Ticket mit Bus und Bahn alle Museen erreichen, wenn ihr nicht lieber zu Fuß oder mit dem Rad unterwegs seid. Ganz in der Nähe zueinander liegen das Gerhard Marcks Haus, das Wagenfeld Haus und die Kunsthalle, an der Weser entlang geht es dann zur Weserburg und zur Galerie der Gesellschaft für Aktuelle Kunst (GAK). Es lohnt sich aber auch, den Abend im Schwachhauser Focke Museum zu beginnen, wo ihr »binnen« viel über bremische Stadtgeschichte erfahrt und »buten« im Park mit einem Glas Sekt lustwandeln könnt.
Wer stundenlang durch Ausstellungen getingelt ist, die immer wieder von Walk Acts, also kleinen Straßentheatereinlagen,

unterbrochen werden, kann beim Mitternachtskonzert im Dom den kulturellen Abend ausklingen lassen. Denn neben den Bremer Museen beteiligen sich zunehmend auch andere Kulturstätten an der langen Nacht der Museen. Wer Ende Mai in der Stadt ist, besorge sich das vielseitige und abwechslungsreiche Programm und genieße die Kulturstadt Bremen in vollen Zügen! Die Spaziergänge zwischen den Museen und an der Weser entlang bei Sonnenuntergang sind in einer lauen frühsommerlichen Nacht ein romantischer Hochgenuss. Bleibt doch auf dem Weg zum Teerhof für ein paar Minuten auf der Teerhofbrücke stehen und genießt den Blick über die Weser, die vor Anker liegenden Schiffe und das bunte Treiben an der Schlachte!

★ Deutsches Auswandererhaus Bremerhaven ♥♥ ⑩⑩

Seit 2005 entführt das größte Erlebnismuseum Europas zum Thema Auswanderung seine Besucher in die Auswanderergeschichte des 19. und 20. Jahrhunderts. Wer dieses Museum betritt, geht als normaler Besucher hinein und kommt mit einer neuen Lebensgeschichte wieder heraus: Man erhält zu Beginn einen Boarding Pass und damit die Lebensgeschichte eines Menschen, der einmal von Bremerhaven aus in die USA ausgewandert ist. Nun wandelt man auf dessen Spuren durch das Museum, muss selbst an Bord gehen, kann durch enge Kabinen der Unterschicht oder luxuriöse Säle für die Reichen wandeln und im Wartesaal der Einwanderungsbehörde in New York bangen und hoffen. Wahre Sehnsuchtsgeschichten werden hier erzählt ... Am Ende kann man gar nach eigenen Verwandten in Akten und Datenbanken forschen. Lebensgeschichten zum Anfassen!

Deutsches Auswandererhaus | Columbusstraße 65 | 27568 Bremerhaven
☎ 0471/9 02 20 0 | www.dah-bremerhaven.de
Öffnungszeiten: Nov bis Feb täglich 10–17 Uhr, Mär bis Okt täglich 10–18 Uhr | Bus & Bahn: Deutsches Schifffahrtsmuseum (Linie 501)

Zoo am Meer ♥♥ ⑩

In diesem modernen Zoo mit Meerblick kommen die Tierfans unter euch auf ihre Kosten. Im Zoo am Meer, der nur einen Steinwurf vom Auswandererhaus entfernt liegt, könnt ihr in Natur- und Felslandschaften Seehunden und Pinguinen, Eisbären und Schimpansen, Zwergkaninchen und Eiderenten beim Balzen, Nestbauen und Nachwuchs-Bändigen zusehen.

Zoo am Meer Bremerhaven
H.-H.-Meier-Straße 7 | 27568 Bremerhaven
☎ 0471/308 41 41 | www.zoo-am-meer-bremerhaven.de
Öffnungszeiten: Apr bis Sep täglich 9–19 Uhr,
Mär & Okt 9–18 Uhr,
Nov bis Feb
9–16.30 Uhr;
Kassenschluss
jeweils 30 Minuten
vor Schließung
Bus & Bahn: Bürgermeister-Smidt-Straße
(Linie 501/502/505/
506/508/509)

Klimahaus® Bremerhaven   

Im Sommer 2009 eröffnete in Bremerhaven eine weitere Sehenswürdigkeit: das Klimahaus®, das auf faszinierende Art und Weise Klimaveränderungen und Klimaschutz näher bringt. Die Vielfalt des Klimas wird u. a. durch eine Reise durch verschiedene Orte vermittelt, die sich entlang des 8. Längengrads befinden – wie eben auch Bremerhaven. Verliebten sei besonders die Klimazone der Antarktis ans Herz gelegt: Hier könnt ihr euch schön aneinander wärmen …

Klimahaus® Bremerhaven | Am Längengrad 8 | 27568 Bremerhaven
☎ 0471/90 20 30-0 | www.klimahaus-bremerhaven.de
Öffnungszeiten: Apr bis Okt: Mo–Fr 9–19 Uhr, Sa & So 10–19 Uhr;
Nov bis Mär: Mo–So 10–18 Uhr
Bus & Bahn: Havenwelten (Linie 502/505/506/508/509)

In Bremen finden sich auch einige Galerien und Kunstvereine – genau das Richtige für kunstbegeisterte Paare, die neben einem romantischen Aufenthalt in Bremen auch intellektuelle Herausforderungen und überraschende Exponate suchen.

Galerie Rabus

Anregend, manchmal provozierend, immer aber interessant ist das Ausstellungsprogramm, das in dieser etablierten Galerie von Katrin Rabus in unregelmäßigen Abständen Ausstellungen, Diskussionsveranstaltungen, Konzerte oder Lesungen präsentiert.

Galerie Rabus | Plantage 13 | 28215 Bremen
☎ 0421/35 65 68 oder 34 98 263
Öffnungszeiten: nur nach telefonischer Vereinbarung
Bus & Bahn: Theodor-Heuss-Allee (Linie 25)

Städtische Galerie Buntentor

Hier findet ihr zwar auch überregionale Kunst, ein Schwerpunkt aber liegt auf KünstlerInnen aus der Region. Wer also erfahren möchte, was in »Bremen und umzu« an zeitgenössischer Kunst entsteht, kann hier einen guten Einblick bekommen.

Städtische Galerie Buntentor | Buntentorsteinweg 112 | 28201 Bremen
☎ 0421/3 61 58 26 | www.staedtische-galeriebremen.de
Öffnungszeiten: Di–Sa 12–18 Uhr, So 11–18 Uhr
Bus & Bahn: Gneisenaustraße (Linie 4/5)

Galerie Rolf Ohse ❤❤

In einer wunderschönen alten Kaufmannsvilla direkt am Wall befindet sich diese Galerie, die den Kunstliebhabern unter euch wechselnde Ausstellungen zeitgenössischer Kunst nahe bringt.

Galerie Rolf Ohse | Contrescarpe 36 | 28203 Bremen
☎ 0421/32 75 50 | Öffnungszeiten: Mo–Fr 10–13 und 15–18 Uhr, Do bis 20.30 Uhr, Sa 10–13 Uhr
Bus & Bahn: Schüsselkorb (diverse), Theater am Goetheplatz (Linie 2/3)

Galerie Gruppe Grün ❤

Etwas versteckt im Fedelhören liegt die Galerie der Gruppe Grün, das Urgestein der Bremischen Produzentengalerien aus den 1970er Jahren.

Galerie Gruppe Grün | Fedelhören 32 | 28203 Bremen
☎ 0421/32 65 72
Öffnungszeiten: Do 15–20 Uhr
Bus & Bahn: Rembertistraße (Linie 1/4/5/10/25)

Gesellschaft für Aktuelle Kunst ❤

Gegenüber von der Weserburg liegt die GAK, die internationale und lokale zeitgenössische Kunst ausstellt.

Gesellschaft für Aktuelle Kunst | Teerhof 21 | 28199 Bremen
☎ 0421/50 08 97 | www.gak-bremen.de
Öffnungszeiten: Di bis So 11–18 Uhr, Do bis 21 Uhr
Bus & Bahn: Am Brill (diverse)

GaDeWe

Die Produzentengalerie GaDeWe in Walle war zunächst ein »Underground-Tipp« im Bremer Westen und ist mittlerweile zum festen Bestandteil der Bremischen Galerieszene avanciert. Vor allem junge Künstler und Künstlerinnen zeigen hier ihre experimentellen Werke.

Galerie des Westens e.V. | Reuterstraße 9–17 | 28217 Bremen
☎ 0421/3 80 79 90 | www.gadewe.de
Öffnungszeiten: Mi 15–19 Uhr, Do 15–21 Uhr, Fr 15–19 Uhr
Bus & Bahn: Utbremer Straße (Linie 2/10/665/680)

Galerie Lonnes 

Seit November 2006 betreibt Hannelore Lonnes eine Galerie in der Speicherstadt, in der sie junge und moderne Kunst ausstellt, die mal frech, mal rührend ist.

Galerie Lonnes | Speicher 1 | Konsul-Smidt-Straße 8b | 28217 Bremen
☎ 0421/5 78 55 54 und 243 67 80 | www.galerie-lonnes.de
Öffnungszeiten: Di–Sa 14–18.30 Uhr und nach Vereinbarung
Bus & Bahn: Hansator (Linie 3/35)

KuBo

Das KuBo im Bremischen Ostertor, genauer gesagt hinter dem Theater im sogenannten »Milchquartier«, ist ein kleiner, aber feiner Kunstverein, der sich ein paar Mal im Jahr in eine Galerie verwandelt. Vor dem Goethetheater ist dann eine Litfasssäule als Kunstobjekt gestaltet, sodass ihr die Ausstellung gar nicht übersehen könnt.

Kultur- und Bildungsverein Ostertor
Beim Paulskloster 12 | 28203 Bremen
www.kubo.de | Bus & Bahn: Wulwesstraße/Ulrichsplatz (Linie 2/3),
Theater am Goetheplatz (Linie 2/3)

Künstlerhaus Güterabfertigung 

Ein sehr ungewöhnliches und immer wieder neu gestaltetes Projekt ist das Künstlerhaus am Güterbahnhof hinter dem Überseemuseum. Hier leben viele Künstler und Musiker, die man am Tag der offenen Ateliers besuchen kann. In der Spedition finden gelegentlich Konzerte statt. Für die jungen und verrückten Paare unter euch!

Künstlerhaus Güterabfertigung | Beim Handelsmuseum 9 | 28195 Bremen
www.ga-bremen.de | www.spedition-bremen.de
Bus & Bahn: Hauptbahnhof (diverse)

Das Kulturensemble im Park 

(Galerie im Park – Krankenhaus-Museum – Haus im Park)
Im Park des Klinikums Bremen Ost liegt dieses ungewöhnliche Haus, das Ausstellungen, Lesungen, Vorträge und Konzerte veranstaltet. Meist drehen sich die Themen um die Geschichte der Psychiatrie und seelische Gesundheit. Wer sich anrühren und nachdenklich stimmen lassen mag, findet hier bestimmt besondere Einblicke.

Das Kulturensemble im Park | Züricher Straße 40 | 28325 Bremen
☎ 0421/4 08 17 57 | www.kulturensemble-bremen.de
Öffnungszeiten Galerie und Krankenhaus-Museum: Mi–So 15–18 Uhr
Bus & Bahn: Klinikum Bremen-Ost (Linie 25/38/40/41)

Die Musikszene in Bremen ist abwechslungsreich: von der renommierten Kammerphilharmonie, die im großen Saal der Glocke ihre weit über Bremens Grenzen hinaus bekannten Konzerte gibt, über die Sambagruppe, die während des Samba Karnevals durch die Straßen zieht, bis zur Neuen Musik. Lauscht den Klängen, nach denen euch der Sinn steht!

Klassiker

★ Musikfest Bremen

Beim Musikfest Bremen (☞ S. 238) finden jedes Jahr im August/September an unterschiedlichen Spielorten musikalische Aufführungen für jeden Geschmack statt, von der Kammermusik bis zum Jazzkonzert.

Die Glocke

Opern und Operetten könnt Ihr nicht nur am Theater am Goetheplatz lauschen (☞ S. 109), sondern auch im größten Konzerthaus der Stadt, der Glocke. Das Konzerthaus mit Art Déco-Ambiente in Sälen und Foyer, das für seine hervorragende Akustik berühmt ist, dient Künstlern aller musikalischer Couleurs als Aufführungsort: von Jazz bis Vokal, von Fado bis Familienkonzert, von Sinfonie- bis Rockkonzert – Musikliebhaber und -liebhaberinnen kommen hier garantiert auf ihre Kosten. Hier spielen auch die Deutsche Kammerphilharmonie Bremen und die Bremer Philharmoniker sowie das Bremer Kaffeehausorchester.

Die Glocke | Domsheide 4/5 | 28195 Bremen
☎ 0421/33 66 99 (Ticketservice) | www.glocke.de
Bus & Bahn: Domsheide (diverse)

Sommer in Lesmona

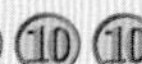

Anfang Juli findet dieses Festival in Knoops Park (☞ S. 78) statt. Den Ort kennt ihr vielleicht aus dem gleichnamigen Briefroman von Marga Beck oder aus der Verfilmung mit der jungen Katja Riemann. Klassische Klänge, Damen mit wagenradgroßen Hüten, wie man sie sonst nur von der Rennbahn kennt, und Nobelpicknicks mit Tischen und Deckchen, Blumengestecken und Kerzenleuchtern begeistern die Gäste aus Bremen und dem Umland bei Regen wie Sonnenschein. Neben Konzerten und einer Tee-Stunde mit Musik und Lesungen gibt es auch den Film »Sommer in Lesmona« unter freiem Himmel zu sehen. Sonntags ist Familientag – da sollten nur die Pärchen teilnehmen, die den Picknickwettbewerb gewinnen wollen.

Sommer in Lesmona | Knoops Park
☎ 0421/36 36 36 (Tickets über Nordwest Ticket)
oder
Die Deutsche Kammerphilharmonie Bremen | Kunden-Service
Kulturhaus Stadtwaage | Langenstraße 13 | 28195 Bremen
☎ 0421/32 19 19 | Studentenermäßigung

Musik und Licht am Hollersee

An einem Septemberabend machen sich Musikbegeisterte auf den Weg, um am Rande des Bürgerparks, vor der Front des Park Hotels (☞ S. 187) dem Jugendsinfonieorchester der Musikschule Bremen zu lauschen. Mit Fackeln, Picknickdecken und kleinen Stühlen bewaffnet lassen sich dann bis zu 30.000 Menschen aus Nah und Fern, jugendliche Fans und gutbürgerliche Bremer, nebeneinander nieder, um zu Händels Feuerwerksmusik das Abschlussfeuerwerk mit »Ohs« und »Ahs« zu bestaunen. *Tipp:* Es lohnt sich, sich rechtzeitig gute Plätze zu sichern, damit man nicht im Gebüsch oder auf dem Weg stehen muss! Einige kommen schon nachmittags und breiten ihre Decken aus, spätestens aber solltet ihr euch zwei Stunden vor Veranstaltungsbeginn (20 Uhr) einfinden. Der Eintritt ist frei.

Rock & Pop

Die nationale wie die internationale Rock- und Popszene trifft sich weiterhin an zwei markanten Veranstaltungshäusern in Bremen: Eines liegt direkt hinter dem Bahnhof, der AWD Dome (ehemals Stadthalle), das andere liegt direkt am Wasser, das Pier 2.

AWD Dome ♥

Die ehemalige Bremer Stadthalle am Rande der Bürgerweide ist Veranstaltungsort für die großen Rock- und Popevents in Bremen, aber auch für Messen und Comedy. Wer bei André

Rieu im Herztakt in Stimmung schunkeln, bei den Flippers »Ein Herz aus Schokolade« mitsingen oder bei Udo Jürgens' Liebesliedern dem oder der Liebsten tief in die Augen gucken will, der ist hier goldrichtig! Aber auch das jüngere Publikum kommt mit Stars wie Xavier Naidoo, Pink oder Depeche Mode auf seine Kosten.

AWD Dome | Findorffstraße 101 | 28215 Bremen
☎ 0421/35 36 37 (Ticketbestellung) | www.awd-dome.de
Bus & Bahn: Bürgerpark (Linie 26/27)

Pier 2 ♥

Ein buntes Programm gibt es in diesem großen Veranstaltungsort am Bremer Hafen in Gröpelingen. Hier rocken internationale und nationale Bands, hier blödeln aber auch deutsche Comedians.

Pier 2 | Gröpelinger Fährweg 6 | 28237 Bremen
www.pier2.de | Bus & Bahn: Use Akschen (Linie 3)
Tickets müssen über die jeweiligen Veranstalter gebucht werden.

KITO ♥

Das KITO befindet sich im ältesten Packhaus in Bremen Vegesack und bietet Konzerte, Musikkabarett u. v. m.

KITO – Altes Packhaus Vegesack | Alte Hafenstraße 30 | 28757 Bremen
☎ 0421/65 48 48 (Kartenservice) | www.kitoinbremen.de
Bus & Bahn: mit der Regionalbahn bis zum Bahnhof Vegesack

Von Liebe lesen: Literatur

Bremen hat eine rege literarische Szene. Lesungen finden an vielen Ecken Bremens statt: in Bibliotheken und Kulturinstituten, in der Günter Grass Stiftung oder in diversen Buchhandlungen, Theatern, Kinos oder Kneipen. Besondere Veranstaltungen, in denen ihr auch Liebesgeschichten und -gedichten lauschen könnt, sind etwa die Literarische Woche in Bremen und in Bremerhaven, das internationale Lyrikfestival poetry on the road oder die Lesereihe LiteratTour Nord.

Zentralbibliothek ♥

Die Zentralbibliothek ist kein besonders romantischer Leseort – trotz des roten Samtsofas, das von Büchern gesäumt wird – aber hier finden zahlreiche Lesungen statt. Der Eintritt ist meist frei.

Zentralbibliothek | Am Wall 201 | 28195 Bremen
www.stadtbibliothek-bremen.de
Haltestelle: Domsheide (diverse), Theater am Goetheplatz (2; 3)

Literaturkontor Villa Ichon ♥♥

Hier finden nicht nur junge und alte Autoren und Autorinnen Rat und Workshops, die Villa Ichon dient auch hin und wieder als Lesungsort mitten in der Innenstadt.

Villa Ichon | Goetheplatz 4 | 28203 Bremen
☎ 0421/32 79 43 | www.literaturkontor-bremen.de
Bus & Bahn: Theater am Goetheplatz (Linie 2/3)

Café Grün ♥

In diesem gemütlichen Künstler-Café schräg gegenüber der Galerie Gruppe Grün (☞ S. 127) könnt ihr z.B. Lesereihen zu 1001 Nacht oder Moby Dick lauschen.

Café Grün | Fedelhören 73 | 28203 Bremen
☎ 0421/32 63 36 | www.gegenwartskunst.de/cafe
Öffnungszeiten: täglich ab 12 Uhr
Bus & Bahn: Rembertistraße (Linie 1/4/6/10/25)

Café Ambiente ♥♥

Im Café Ambiente (☞ S. 7) finden regelmäßig Lesungen statt; die LiteraTour Nord ist hier zu Hause.
www.literatournord.de

Der besondere Tipp:

Nach den Sternen greifen im Olbers-Planetarium ♥♥♥ ⑩

Im Bremer Planetarium könnt ihr eurer/eurem Liebsten die Sterne vom Himmel holen: Man sitzt in dunkelblauen Sesseln und kann an der Kuppel Sternbilder über Bremen oder Sternshows bewundern.

Olbers-Planetarium | Hochschule Bremen
Werderstraße 73 | 28199 Bremen
☎ 0421/59 05 46 78
www.planetarium.hs-bremen.de
Bus & Bahn: Wilhelm-Kaisen-Brücke (diverse)

Tanze mit mir in den Morgen…

Bars, Diskos & Clubs

In Bremen fällt es nicht schwer, die Nacht zum Tag zu machen. Gemütliche Kneipen, fröhliche Bars und ein Bier an der Weser locken Bremer wie Touristen nach draußen. Und auch wenn man im hohen Norden wenig Feuriges erwartet: Hier wird nicht nur in Diskotheken und Clubs das Tanzbein geschwungen, sondern es gibt z. B. auch eine rege Tango- und Salsa-Szene! Vielleicht wagt ihr mal wieder ein Tänzchen?
Ob flotter Hüftschwung oder verträumter Schwoof: Bis zum Morgengrauen könnt ihr tanzen und dann noch in einer gemütlichen Bar einen Absacker nehmen …

Bars & Kneipen

In Bremen gibt es viele Bars und Kneipen, in denen ihr den Abend in einer stillen Ecke zu zweit einläuten könnt. Wem der Sinn mehr nach anregenden Cocktails in netter Gesellschaft steht, der wird ebenfalls nicht enttäuscht. Ob im Ostertor- und Steintorviertel, in Bremen kurz »Viertel« genannt, am stadtbekannten »Bermuda Dreieck« (dort wo Herderstraße, Fehrfeld und Römerstraße auf die Humboldtstraße treffen) oder an der Biergartenpromenade Schlachte – ihr findet sicher das passende Ambiente für eure jeweilige Stimmung. In einigen Kneipen werdet ihr vielleicht auch auf besonders aufgeregte und fröhliche Menschen treffen, die dort gebannt den Fußball-Live-Übertragungen der Werder-Spiele zuschauen. Hier könnt ihr unkompliziert Leute kennenlernen – und wenn Werder das Spiel gewinnnt, dann gibt es nicht selten überschwängliche Lokalrunden und gute Laune, die ansteckt!

Lemon Lounge ♥♥

Diese angenehme, frisch renovierte Bar im Art Déco-Stil liegt mit Blick auf die Wallanlagen. Besonders begehrt ist die Sitzecke aus rotem Leder, in der ihr gemütlich den einen oder anderen Cocktail schlürfen könnt. Gelegentlich legen DJs Lounge-Musik auf, sodass man sich hier auch gut den ganzen Abend aufhalten kann.

Lemon Lounge
Am Wall 164 | 28195 Bremen
☎ 0421/5 14 88 55
www.lemonlounge.de
Öffnungszeiten: täglich ab 17 Uhr
Bus & Bahn: Schüsselkorb (diverse)

dreijahre ♥♥♥

Das dreijahre ist eine der angesagtesten und gleichzeitig nettesten Kneipen im Viertel. Es ist ein Gastraum-Projekt von jungen Künstlerinnen, die Gastronomie zum Kunstprojekt gemacht haben und das in dieser Form eben drei Jahre lang (bis April 2010) erhalten wollen. Danach sollen die Räume gastronomisch weitergenutzt werden, in welcher Form steht allerdings noch nicht fest. Hier könnt ihr am Tresen, in einer gemütlichen Sitzecke um einen dänischen Kamin herum oder an kleinen Zweiertischen im »grünen Salon« ungewöhnliche Drinks zu euch nehmen (etwa Holunderblütenprosecco). Freitags legen DJs auf, es gibt Leseperformances oder Live-Konzerte.

dreijahre | Fehrfeld 58–59 | 28203 Bremen
☎ 0421/7 90 88 40 | www.dreijahre.org
Öffnungszeiten: Mo–Fr 15 Uhr bis Tresenschluss, Sa & So 10 Uhr bis Tresenschluss | Bus & Bahn: Sielwall (Linie 2/3/10)

Eisen ♥

Das Eisen ist weder gemütlich noch romantisch, aber eine Kneipe, in der sich bunt gemischtes Viertelvolk trifft. Es steht an ausgewählten Terminen für Karaoke, Elektrobingo und Fußballwahn. Wer zu zweit junges, typisch bremisches Getümmel liebt, ist im Eisen genau richtig!

Eisen | Sielwall 9 | 28203 Bremen
☎ 0421/9 88 77 40
Öffnungszeiten je nach Fußballübertragungszeiten und Veranstaltungen
Bus & Bahn: Sielwall (Linie 2/3/10)

Heartbreak Hotel ♥

Eine Institution im Viertel im berühmten »Bermuda Dreieck«. Hier kann man zu später Stunde das letzte Bier trinken, die Nacht ausklingen lassen und den Tag begrüßen.

Heartbreak Hotel | Fehrfeld 29 | 28203 Bremen
☎ 0421/7 94 88 75
Öffnungszeiten: Mo–So 20 Uhr bis Tresenschluss | Happy Hour: täglich (außer Sa) 20–21 Uhr | Bus & Bahn: Sielwall (Linie 2/3/10)

Capri Bar ♥♥

Die Capri Bar ist die Lieblingsbar vieler Bremer, weil man inmitten des »Bermuda Dreiecks« die ganze Nacht trinken und es knistern lassen kann. Die Wände der Bar sind als Höhlenwände gestaltet, in die kleine Sitzecken eingelassen sind. Steinzeitromantik!

Capri Bar | Fehrfeld 35 | 28203 Bremen
☎ 0421/70 49 57
Öffnungszeiten: täglich 20 Uhr bis Tresenschluss
Happy Hour: täglich 20–21 Uhr
Bus & Bahn: Sielwall (Linie 2/3/10)

Das Horner Eck

Diese bremische Eckkneipe ist etwas für Nostalgiker, denen ein gemütliches Bier bei Frank Zappa-Musik im 80er-Jahre-Ambiente gefällt. Hier werden von Dienstag bis Freitag unterschiedliche kulinarische Genüsse serviert – ihr könnt aber auch »stilecht« einfach eine Frikadelle bekommen.

Horner Eck | Friesenstr. 95 | 28203 Bremen
☎ 0421/7 36 49 | www.horner-eck.de
Öffnungszeiten: Mo–So ab 18 Uhr bis Tresenschluss
Bus & Bahn: Grundstraße (Linie 2/3)

Litfass

Das Litfass ist die Allround-Kneipe im Viertel: Frühstücks- und Kuchencafé, Bier- und Cocktailbar am Abend. Daher ist im Litfass immer etwas los. Im Sommer sitzen hier alle draußen auf dem großzügigen Bürgersteig, wo man wunderbar die Nachtschwärmer auf dem Ostertorsteinweg, dem sogenannten O-Weg, beobachten kann. Hier treffen sich Freunde und Bekannte und solche, die es im Laufe des Abends noch werden.

Litfass | Ostertorsteinweg 22 | 28203 Bremen
☎ 0421/70 32 92 | Öffnungszeiten: So–Do 10–2 Uhr,
Fr & Sa 10–4 Uhr | Bus & Bahn: Wulwesstraße/Ulrichsplatz (Linie 2/3)

★ Leman's ♥

Diese kleine Eckkneipe im Souterrain ist für viele Studierende und andere junge Leute wie das eigene Wohnzimmer. Die Kneipe ist klein und gemütlich: Drinnen sitzt es sich an den kleinen Tischen gesellig und in der Couchecke hinter der Bar kuschelig, draußen eher ruhig. Die klassischen Cocktails sind zu empfehlen (von den experimentelleren ist eher abzuraten).

Leman's | Keplerstraße 36 | 28203 Bremen
☎ 0421/7 72 59 | Öffnungszeiten: Mo–So 20 Uhr bis Tresenschluss
Happy Hour: täglich 20–22 Uhr
Bus & Bahn: Humboldtstraße (Linie 10)

Binnen Bremer Bar ♥

Im Hotel Maritim liegt die Binnen Bremer Bar, die nicht nur Hotelgäste, sondern auch gediegene Bremer aufsuchen, die die Auswahl aus unzähligen Cocktails sowie die Hotelbaratmosphäre mit Klaviermusik mögen.

Hotel Maritim | Hollerallee 99 | 28195 Bremen
☎ 0421/378 96 26
Öffnungszeiten: Mo–Sa 12–2 Uhr, So 16–2 Uhr, ab 22 Uhr Pianomusik
Bus & Bahn: Bürgerpark (Linie 26/27)

Karaokebar Little Ritz ♥

Eine kleine Bar im bürgerlichen Schwachhausen, in der es beim Karaoke-Singen fröhlich zugeht! Wie wär's mal mit einer gemeinsam geschmetterten Liebeserklärung? »Love is in the air ...«

Little Ritz | Schwachhauser Heerstraße 99 | 28211 Bremen

☎ 0421/44 65 31

Öffnungszeiten: Mi–Sa ab 22 Uhr (Karaoke ab 23 Uhr)

Bus & Bahn: Metzer Straße (Linie 1/4/5/10)

Auf den Häfen

Die Straße heißt »Auf den Häfen«, die Kneipen und Bars liegen »Auf den Höfen« ... Wenn Bremer von den Häfen oder Höfen sprechen, ist immer der etwas versteckte und mit Lichterketten und Grün ausgestattete Kneipenhof gemeint. In diesem Areal liegen links und rechts Bars und Restaurants, in denen man meistens in Ruhe essen und trinken kann. An sommerlichen Wochenendabenden und -nächten und besonders zum Tanz in den Mai ist hier allerdings kein Durchkommen vor lauter Menschen. Die Gäste sind von arriviert bis partywütig und kommen aus dem gesamten Bremer Umland.
Hier befinden sich u. a. folgende Bars: Das Carnaval, eine brasilianische Cocktailbar, in der es auch sehr gute Tapas gibt,

das Avalon, an dessen lang geschwungenem Tresen man gut sitzen kann, und die Bar Beluga, in der der siebte Wolkenhimmel die Raumdecke ziert. Im Sommer haben diese Bars ihre Fensterfronten zum Hof weit geöffnet, sodass ihr mitten im bunten Treiben sitzt. Ruhiger geht es da im kleinen spanischen Restaurant Savarin zu, in dem ihr wieder ganz zu zweit sein könnt.

Tipp: Zum Tanz in den Mai und einmal im Sommer findet das Höfenfest statt – dann legen DJs in den Bars auf und auf dem Hof gibt es Live-Musik. Hier ist es so voll, dass man sich zwangsläufig näher kommt ...

Beluga Bar ♥
Auf den Häfen 12–15 | 28203 Bremen
☎ 0421/794 68 58 | www.beluga-bar.de
Öffnungszeiten: Mo–So 19 Uhr bis Tresenschluss

Restaurant Avalon ♥
Auf den Häfen 12–15
28203 Bremen
☎ 0421/70 01 09
www.avalon-bremen.de
Öffnungszeiten: Mo–So ab 18 Uhr,
Küche bis 24 Uhr

Carnaval ♥ | Auf den Häfen 12–15 | 28203 Bremen
☎ 0421/70 45 39
Öffnungszeiten: Mo–So 19 Uhr bis open end
(bei Sonnenschein und gutem Wetter ab 17 Uhr)

Savarin ♥♥ | Auf den Häfen 12–15 | 28203 Bremen
☎ 0421/7 69 77 | www.savarin-bremen.de
Öffnungszeiten: Mo–So ab 17.30 Uhr
(Küchen- und Restaurantschluss je nach Besucherlage)

Bus & Bahn: Humboldtstraße (Linie 10)

Tinto Tapas Bar ♥♥

In einem weinroten Haus in Vegesack findet ihr diese nette Tapas Bar, wo man es sich am Tresen gemütlich machen und nach Herzenslust guten Wein trinken und hervorragende Tapas essen kann.

Tinto Tapas Bar | Alte Hafenstraße 7 | 28757 Bremen
☎ 0421/6 60 88 85
Öffnungszeiten: Mo–Sa 17.30 Uhr bis Tresenschluss
Bus & Bahn: Bahnhof Vegesack

Irish Pubs

Wie in allen Irish Pubs geht es auch hier in Bremen recht zünftig zu. Wer das urig-deftige Ambiente, Guiness oder Kilkenny und Salt & Vinegar-Chips mag, ist sicher genau richtig. Manchmal ist es allerdings zu späterer Stunde auch sehr bierselig und mancher Gast in äußerst launiger Stimmung ...

Der gemütliche: Irish Pub Schnoor Bremen ♥♥

Ein fast familiärer Irish Pub, in dem man von Bier bis Cider Irisches trinken und die nette Atmosphäre genießen kann.

Irish Pub Schnoor Bremen | Stavendamm 18 | 28195 Bremen
☎ 0421/ 32 11 26 | www.irishpubbremen.de
Öffnungszeiten: Mo–So ab 18 Uhr | Bus & Bahn: Domsheide (diverse)

Der große: Hegarty's Bremen ♥

Dieser geräumige Irish Pub am O-Weg schenkt 30 verschiedene Whiskey-Sorten aus und wartet mit Livemusik und Quiz-Nächten auf.

Hegarty's | Ostertorsteinweg 80 | 28203 Bremen
☎ 0421/ 70 12 97 | www.hegartys.de
Öffnungszeiten: täglich ab 15 Uhr
Bus & Bahn: Wulwesstraße/Ulrichsplatz (Linie 2/3)

Der klassische: Murphy's Corner ♥

Auch auf der linken Weserseite gibt es mit dem Murphy's Corner einen typischen Irish Pub, in dem ihr darten, kickern, flippern und regelmäßig guter Livemusik lauschen könnt.

Murphy's Corner | Buntentorsteinweg 217 | 28201 Bremen
Tel. 0421/59 60 63 98
www.murphys-corner-bremen.de
Öffnungszeiten: Mo–Fr ab 17 Uhr, Sa ab 14 Uhr, So ab 10.30 Uhr
Bus & Bahn: Kirchweg (Linie 4/5)

Bremer Liebesgeschichten: *Es begann im Schnoor*

Leise ist es bei Katrin K. und Peter H., denn ihr wenige Monate alter Sohn Friedrich ist just eingeschlummert.
Aber da sind wir schon in einer späteren Phase ihrer Liebesgeschichte! Also von vorn: Katrin ging eines Abends nach der Arbeit noch in eine Bar im Schnoor-Viertel. Dort sah sie Peter grübelnd über seinem Laptop sitzen, ab und zu nippte er an einem Cappuccino. Irgendwann bemerkte er ihre Blicke und winkte ihr kurzerhand fröhlich zu. Also setzte sich Katrin zu ihm, und so erzählte Peter ihr, dass er gerade an seiner Doktorarbeit schreibe und in Cafés auf die besten Gedanken käme. Beide waren sich auf Anhieb sympathisch und fanden sich ausgesprochen interessant. Und so redeten sie über Gott und die Welt, veranstalteten ein heiteres Beruferaten und landeten sehr spät am Abend in einer schrägen Eckkneipe in der Neustadt. Hier trennten sich nach einem ersten, vorsichtigen Kuss zwar ihre Wege, aber Katrin dachte gleich: »Was für ein toller Mann!«
Einige Tage später lud sie ihn zum Essen zu sich nach Hause ein. Und hier kamen sie sich dann noch näher ... Im Laufe der Zeit stellten beide fest, dass sie sich schon etliche Male über den Weg gelaufen sein mussten. Denn sie waren oft in denselben Kneipen und auf vielen Partys gleichzeitig gewesen – allerdings ohne voneinander Notiz zu nehmen.
Peter und Katrin gingen in diesem ersten aufregenden Sommer viel im Bürgerpark spazieren oder lagen auf den Wiesen in der

Sonne. Sie schlenderten an der Kleinen Weser in der vorderen Neustadt entlang und fuhren sonntags mit dem Rad durchs Blockland oder ins Hafengebiet, wo sie der eigentümlichen Industrieromantik erlagen. Beide mögen den Werdersee, die Wallanlagen und die Pipe, den Wasserlauf hinter dem Rot-Kreuz-Krankenhaus in der Neustadt. Sie trafen sich oft mit einem mitgebrachten Bier zum Sonnenuntergang auf »ihrer Bank« an der Schlachte, von wo aus man wunderbar Arm in Arm auf die Weser gucken kann.

Beide lieben Bremen sehr. »Die Stadt ist grün, man ist schnell auf dem Land, und Bremen hat genau die richtige Größe«, sagen beide einhellig und beschreiben fröhlich ihren »sehr bremischen« Hochzeitstag. Nachdem Peter seiner Katrin einen Heiratsantrag im Weser-Kurier gemacht hatte – in Form einer Anzeige, die sich zwischen Katrins Lieblingslektüre, den Geburts- und Todesanzeigen, versteckte – wollten beide eine kleine Hochzeit an einem Sommertag, nur mit ihren beiden Trauzeugen. »Wir fuhren zusammen mit dem Fahrrad zum Standesamt, mit den obligatorischen Fahrradtaschen!«

Nach der Trauung gingen die vier im Bürgerpark spazieren, brunchten hervorragend auf der Terrasse des Cafés am Emmasee und genossen das wunderschöne Ambiente im Garten des Restaurants VillA in der Abendsonne. Danach ging es dann noch sehr bremisch weiter: Katrin musste unbedingt noch das Fußballmatch Werder Bremen gegen HSV anschauen, das die vier eine Weile im nahe gelegenen Casablanca auf der Großbildleinwand verfolgten (dem Tag angemessen gewann Werder!). Schließlich landeten sie auf ein Bier und einen Schnaps im Horner Eck. Das ist nun schon eine Weile her, doch beide lächeln immer noch, wenn sie an diesen Tag denken. Und schleichen leise zum Babybettchen hinüber.

Die Schlachte

Die Weserpromenade Schlachte hat sich in den letzten Jahren richtig gemausert und feiert 2010 ihr zehnjähriges Jubiläum. Im Sommer kann man hier auf Bierbänken an der Weser inmitten eines launigen Publikums sitzen. Dabei könnt ihr auch den einen oder anderen Junggesellenabschied bestaunen und kommt schnell mit Bremern und Auswärtigen ins Gespräch. Hier sind die heimeligen Orte zu zweit eher rar, es sei denn, ihr nehmt euch ein Getränk und macht es euch Seite an Seite auf der Kaimauer bequem. Und der Blick auf die Weser ist einfach ein Highlight in der Stadt!

Restaurant Luv ♥♥

In diesem Restaurant-Café könnt ihr den ganzen Tag über einkehren, abends aber hat das Luv einen besonderen Charme. Während es drinnen eher Lounge-Charakter hat, könnt ihr draußen auf stilvollem Mobiliar mit Blick auf das bunte Treiben an der Schlachte sitzen. Ob bei einem guten Essen aus der eher mediterranen Küche, einem verführerischen Apfel-Martini oder schlicht einem kühlen Bier – das Luv ist ein entspannter Startpunkt für den Abend.

Luv | Schlachte 15–18 | 28195 Bremen

☎ 0421/165 55 99 | www.restaurant-luv.de

Öffnungszeiten: Mo–Fr 11 Uhr bis Tresenschluss, Sa & So 10 Uhr bis Tresenschluss | Bus & Bahn: Obernstraße (Linie 2/3), Martinistraße (Linie 25)

Bolero Schlachte ♥

Das Bolero an der Schlachte ist eine typische Cocktailbar mit Sofaecken, Sitzkissen und Barhockerambiente.
Tipp: Wenn ihr ganz allein sein wollt: Alle Cocktails gibt es auch zum Mitnehmen. Und dann ab an ein ruhiges Plätzchen!

Bolero | Langenstraße 68 | 28195 Bremen
☎ 0421/70 76 70 | www.bolerobar.de
Öffnungszeiten: Mo–Sa ab 11 Uhr bis Tresenschluss, So ab 10 Uhr bis Tresenschluss | Bus & Bahn: Am Brill (diverse)

Enchilada ♥

Ausgelassen feiern hier im Souterrain Frauen ihre Junggesellinnenabschiede und stoßen mit sahnig-süßem Piña Colada auf ihre letzten freien Stunden vor der Ehe an. Meist geht es hier laut und fröhlich zu. Wenn ihr etwas früher am Abend kommt, dann könnt ihr noch in Ruhe Tacos, Tortillas und andere mexikanische Köstlichkeiten verspeisen. Im Sommer sollte man unbedingt draußen sitzen.

Enchilada | Langenstraße 42 | 28195 Bremen
☎ 0421/168 54 00 | www.enchilada.de
Öffnungszeiten: So–Do 17–1 Uhr, Fr & Sa 17–2 Uhr
Happy Hour: täglich 17–20 Uhr | Bus & Bahn: Am Brill (diverse)

Paulaner's Bremen ♥

Wer Bayrisches in Bremen sucht (oder braucht), wird im Paulaner's fündig. Auch hier ist besonders der Biergarten am Weserufer empfehlenswert, das Restaurant ist schon zum Mittagstisch in der Regel gut besucht. Im Paulaner's findet ihr eher deftige Partystimmung inklusive »Haxenmontag« und »Schnitzeldienstag«.

Paulaner's Bremen | Schlachte 30 | 28195 Bremen
☎ 0421/169 06 91 | www.paulaners.de
Öffnungszeiten: täglich 10.30 Uhr bis Tresenschluss
Bus & Bahn: Am Brill (diverse)

Feldmann's Bierhaus ♥

Gutbürgerliche Küche und ein großzügiger Biergarten am Ufer erwarten euch im Feldmann's, in dem man bremisches Bier in allen Varianten (auf Wunsch auch in 1-Liter-Gläsern) trinken kann.

Feldmann's | An der Schlachte 19–20 | 28195 Bremen
☎ 0421/168 91 92 | www.feldmanns-bierhaus.de
Öffnungszeiten: So–Do 10.30–24 Uhr , Fr 10.30–1 Uhr, Sa 10.30–2 Uhr
Bus & Bahn: Am Brill (diverse)

Gastronomie-Schiffe

Richtig maritim fühlt es sich an Deck der Gastronomie-Schiffe an, die an der Schlachte vor Anker liegen. Wenn die Wellen an den Schiffsbauch plätschern, könnt ihr euch hier an Deck tief in die Augen gucken, Live-Musik lauschen und den Sonnenuntergang auf der Weser beobachten. Das geht auf dem Deck der Restaurant-Bar Bühne 3 auf dem Theaterschiff (☞ S. 113) und auf der klotzig-charmanten MS Treue.

MS Treue ♥

MS Treue | Schlachte, Anleger 5 | 28195 Bremen

☎ 0421/336 28 26 | www.treue-bremen.de

Öffnungszeiten: Fr–Sa ab 17 Uhr, bei Veranstaltungen eine Stunde vor Beginn

Bus & Bahn: Am Brill (diverse), Obernstraße (Linie 2/3), Martinistraße (Linie 25) oder Domsheide (diverse)

Leierkasten ♥♥

In diesem traditionellen Biergarten sitzt ihr gemütlich an Bierbänken mitten in einem Schrebergartengebiet. Getränke gibt es draußen an einer Holztheke, das Essen kann auch mit nach draußen genommen werden. Was im Winter ein wenig zur tristen Schenke verkommt, mausert sich im Sommer zum beliebten Treffpunkt!

Leierkasten | Pagentorner Heimweg 33 | 28205 Bremen
☎ 0421/498 82 77
Öffnungszeiten: Apr bis Aug: Mo–Do ab 17 Uhr, Fr–So ab 15 Uhr bis Tresenschluss; Sep bis Mär: Mo–So ab 18 Uhr
Bus & Bahn: Friedrich-Karl-Straße (Linie 25/730/740)

Haus am Walde ♥♥♥

In der Nähe der Universität und am nördlichen Rand von Bürgerpark und Stadtwald findet ihr einen der größten Biergärten Bremens mit Open Air Kino, Live-Konzerten und vielen netten Menschen. Das Restaurant hat zwar auch Außenplätze, das richtige Biergartenfeeling stellt sich aber nur hier ein, inklusive Brezel, Bier und Wein.

Haus am Walde | Kuhgrabenweg 2 | 28359 Bremen
Internet: 0421/21 27 65 | Internet: www.hausamwalde-bremen.de
Öffnungszeiten: Mo–So ab 9 Uhr bis Tresenschluss
Bus & Bahn: Kulenkampfallee (Linie 8), Parkallee (Linie 630/670)

Bürgerhaus Weserterrassen ♥♥♥

Ihr sitzt mit Blick auf die Weser und auf fröhliche Familien und junge Leute, die sich am Osterdeich und auf der Wiese unterhalb des Biergartens tummeln. Die Getränke müsst ihr euch am Tresen abholen und könnt dann in geselliger Runde unter Bäumen das gute Wetter genießen.

Bürgerhaus Weserterrassen | Osterdeich 70b | 28205 Bremen

☎ 0421/5 49 49 16 oder 5 49 49 13

www.buergerhaus-weserterrassen.bremer-buergerhaeuser.de

Öffnungszeiten: Mo 12–23 Uhr, Di–So 10–23 Uhr

Bus & Bahn: St.-Jürgen-Straße (Linie 2/3/10)

★ Bremens Siebter Himmel ♥♥

Im Sommer wird über den Dächern der Bremer Innenstadt auf dem Panoramadeck des Galeria Kaufhof-Gebäudes Sand aufgeschüttet und ein Beachclub eingerichtet. Ihr fahrt entweder im Parkhaus Mitte mit dem Auto hinauf oder – noch besser für das Bauchkribbeln – mit dem gläsernen Aufzug an der Fassade des Kaufhauses entlang auf das Panoramadeck. Hier gibt es dann den ganzen Tag Cocktails, Getränke und ein paar Gerichte für den kleinen Hunger. Man kann aber auch seinen Einkaufsbummel abends hier beenden und den Sonnenuntergang über der Bremer Innenstadt betrachten.

Bremens Siebter Himmel

Papenstraße 3–5

28195 Bremen

www.7ter-himmel.com

Öffnungszeiten: Mo–Sa 9.30–24 Uhr, So 12–24 Uhr

Bus & Bahn: Martinistraße (Linie 25) oder Am Brill (diverse)

White Pearl Beach ♥

In der Nähe des Wasserturms in der Neustadt, der sogenannten »Umgedrehten Kommode«, wird im Sommer ebenfalls ein Beachclub angelegt. Hier kann man bis in die Abendstunden hinein Strand, Wasser und Sonne mit einem Cocktail in der Hand genießen.

Beach Club White Pearl | Werderstr. 58–60 | 28199 Bremen
☎ 0172/458 68 73 | www.white-pearl-beach.de
Bus & Bahn: Wilhelm-Kaisen-Brücke (Linie 4/5/6/8/24)

Der besondere Tipp:
Zu zweit im Strandkorb ♥♥♥

Wer Strand, Wasser und Sonnenuntergänge liebt, der sollte sich einen Strandkorb im Café Sand (☞ S. 20) oder in der Kaibar in Gröpelingen sichern. Wenn euch die letzten Sonnenstrahlen im Strandkorb noch wärmen, kommen die Schmetterlinge im Bauch ganz von allein …

Kaibar

Hinter dem gigantischen Konzertgebäude des Pier 2 liegt etwas versteckt die Kaibar, die Strandkörbe direkt am Wasser mit Blick auf die Hafenanlagen aufgestellt hat.

KAIBAR | Gröpelinger Fährweg 6 | 28237 Bremen
☎ 0421/691 81 82 | Öffnungszeiten: Di–So ab 18 Uhr
Bus & Bahn: Goosestraße (Linie 3) oder Use Akschen (Linie 3)

Clubs & Diskos

Bremen hat für tanzwütige Nachtschwärmer eine bunte Palette an Tanzgelegenheiten zu bieten. Von alternativen Disko-Kellern, in denen die 68er (immer noch) am Tresen sitzen, bis zur hochmodernen Großraumdisko, von der legeren Lounge bis zur Salsa-Sause … Stürzt euch ins nächtliche Getümmel!

Der Klassiker: Modernes

Tanznächte, Konzerte und Mottopartys locken Musikliebhaber von nah und fern in diese klassische Diskothek für die Klientel ab 18. Wenn's hier nachts zu heiß wird, lehnt sich der DJ mal zurück. Dann kehrt Stille im Saal ein und das Kuppeldach wird für einen Moment geöffnet. Man kann sich kurz in die Arme nehmen und in den Sternenhimmel schauen, bevor weitergetanzt wird ...

Modernes | Neustadtswall 28 | 28199 Bremen
☎ 0421/50 55 53 | www.modernes.de
Bus & Bahn: Theater am Leibnizplatz (Linie 4/5/6) oder Hochschule Bremen (Linie 1/8/26/27)

Die Diskomeile am Rembertiring

Entlang des Rembertirings befindet sich Bremens Diskomeile: Hier stehen alteingesessene Tanzschuppen wie der Beat Club oder das Stubu neben neueren Läden mit schillernden »Dance Floors«. Nur wer unerschrocken ausgelassene Partys sucht, wer um jeden Preis tanzen will und wen Türsteher und eine aufgeheizte Stimmung nicht stören, ist hier richtig.

Beat Club

»Oldies but Goodies« – so das Motto des Bremer Beat Club, der nach dem legendären Vorbild von Radio Bremen aus den 60ern entstanden ist und Musik von damals spielt. Hier tummeln sich vor allem Leute, die in dieser Zeit aufgewachsen sind.

Beat Club | Rembertiring 7–9 | 28195 Bremen
☎ 0421/32 06 73 | www.beatclubbremen.de
Öffnungszeiten: Do–Sa ab 22 Uhr | Bus & Bahn: Hauptbahnhof (diverse), Herdentor (diverse), Rembertistraße (Linie 1/4/5/10/25)

Woody's

Seit den frühen 90er Jahren tanzen hier Schüler und Studenten zu aktuellen Hits und Diskomusik aus den 1980ern bis in die Morgenstunden.

Woody's | Rembertiring 19 | 28195 Bremen
☎ 0421/32 68 37 | www.woodys.de
Öffnungszeiten: Mi–Sa ab 22 Uhr | Haltestelle: Hauptbahnhof (diverse), Herdentor (diverse), Rembertistraße (Linie 1/4/5/10/25)

Stubu Dancehouse

Das Stubu, ursprünglich Treffpunkt des »Studentenbunds« in den 50ern, hat sich zu einem wahren Tanztempel gemausert. Auf fünf Tanzflächen mit unterschiedlichen Musikstilen tummelt sich hier junges und aufgekratztes Partyvolk: im Musikkeller, im Coconut, im Skyline Club, im Sixties und in der Latin Lounge.

Der Musikkeller ist die alte Kerndisko, in der man sich mit Girlanden an der Decke und bunter Beleuchtung um Jahrzehnte zurückversetzt fühlt. Im Coconut dominieren Jungle-Deko und Blackmusic. Der Skyline Club ist für Leute, die cooles und modernes Ambiente, topaktuelle Musik und Tanzen bis in die Morgenstunden mögen. Das Sixties ist das andere Ende der musikalischen Zeitleiste: Hier gibt es Musik aus den 60ern bis 80ern. Im Sixties und in der Latin Lounge sorgen Kerzen auf den Stehtischen für stimmungsvolleres Ambiente.

Stubu Dancehouse | Rembertiring 21 | 28195 Bremen
www.stubu.de
Öffnungszeiten: Fr & Sa »Partyspaß auf 5 Areas« ab 22 Uhr,
Musikkeller: täglich ab 21 Uhr, Coconut & Skyline: Do–Sa ab 23 Uhr,
Sixties & Latin Lounge: Fr & Sa ab 23 Uhr
Bus & Bahn: Hauptbahnhof (diverse), Herdentor (diverse),
Rembertistraße (Linie 1/4/5/10/25)

Für Alternative

Wer mit Großraumdiskos wenig anfangen kann, der kann sich im Viertel mit studentischem und älterem Publikum treffen, wo zu alternativer Musik und bei Live-Konzerten ausgelassen gefeiert und getanzt wird.

Lila Eule

Die Lila Eule ist eine der traditionsreichen Studentendiskos in Bremen, in der schon Rudi Dutschke zugegen war. Ausgelassene Studi-Partys sind ihr Markenzeichen.

Lila Eule | Bernhardstraße 10 | 28203 Bremen
☎ 0421/7 94 06 64 | www.lilaeule.de
Öffnungszeiten: in der Regel Do–Sa ab 22 bzw. 23 Uhr
(aktuelle Termine auf der Website oder in der einschlägigen Presse)
Bus & Bahn: Sielwall (Linie 2/3/10)

Römer

Im Römer trifft sich alternatives und tendenziell studentisches Publikum, Bremer DJs legen auf, und regelmäßig finden Live-Konzerte statt. Die Räumlichkeiten sind eher klein, sodass man sich schnell (freiwillig wie unfreiwillig) näher kommt. Wer's eher alternativ, ein bisschen schräg und quirlig mag, ist hier genau richtig.

Römer | Fehrfeld 31 | 28203 Bremen
☎ 0421/7 94 65 98 | www.roemer-bremen.de
Öffnungszeiten: Di–Do 20–2 Uhr, Fr–Sa ab 22 Uhr
Bus & Bahn: Sielwall (Linie 2/3/10)

Tower

Im Tower gibt's Studentendienstage und Live-Konzerte von bekannten oder noch zu entdeckenden (nationalen und internationalen) Bands.
Von der Decke hängt Partydeko aus vielen Jahrzehnten, wie Luftschlangen und Glitzerkugeln, und die Tanzfläche lädt zum Abfeiern zu Alternative, Elektropop und sonstigem Radioabseitigem ein.

Tower
Herdentorsteinweg 7a
28195 Bremen
☎ 0421/32 33 34 | www.tower-bremen.de
Öffnungszeiten: je nach Veranstaltungen, Fr & Sa meist ab 22 Uhr
Bus & Bahn: Hauptbahnhof (diverse) oder Herdentor (diverse)

Zucker Club

Der Zucker Club ist einer der neuen Musikorte Bremens, der sich im alten Güterbahnhof mit ungewöhnlichen Konzerten als alternativer und linker Club etabliert hat.
Kulturbeflissenes, musikalisches, neugieriges Publikum von 20 bis Mitte 30 findet sich an diesem besonderen Ort ein.

Zucker Club
Friedrich-Rauers-Straße 10
28195 Bremen
www.zucker-club.de | Aktuelle Termine auf der Website
Bus & Bahn: Daniel-von-Büren-Straße (Linie10/63s)

Für Nachtschwärmer ab 30

In diesen Diskos und Clubs ist das Publikum älter, die Musik nicht ganz so aktuell und etwas ohrenfreundlicher.

Shagall

Paare ab Mitte 30 können hier feiern und tanzen und sich auf die obligatorischen Mottoabende oder den einen oder anderen JunggesellInnen-Abschied freuen.

Shagall | Rembertiring 4 | 28195 Bremen
☎ 0421/31 12 04 | www.shagall.de
Öffnungszeiten: Fr & Sa ab 22 Uhr
Haltestelle: Hauptbahnhof (diverse), Herdentor (diverse), Rembertistraße (Linie 1/4/5/10/25)

Sinatra's Dancing

Im Sinatra's sind Tanzwütige und gut gelaunte Menschen ab 40 anzutreffen, die zur Musik der 70er das Wochenende feiern.

Sinatra's Dancing | Rembertiring 18 | 28195 Bremen
☎ 0421/32 85 85 | www.sinatras.de
Öffnungszeiten: Fr, Sa und vor Feiertagen ab 22 Uhr
Haltestelle: Hauptbahnhof (diverse), Herdentor (diverse), Rembertistraße (Linie 1/4/5/10/25)

Falstaff

Freitags abends verwandelt sich das Foyer der bremer shakespeare company (☞ S. 111) in eine Disko für Menschen ab

Mitte 30. Hier legen DJ Matze und andere DJs Musik zum Tanzen auf, die nicht schon den ganzen Tag im Radio rauf- und runtergenudelt wurde. Auch wenn die Tanzfläche ein wenig an eine Tiefgarage erinnert, kann man zwischen den Tanzeinlagen in der angeschlossenen Kneipe in ruhigerer Atmosphäre etwas trinken. Übrigens: Hier geht es frühestens ab 1 Uhr richtig los!

Falstaff | Schulstraße 26 | 28199 Bremen
☎ 0421/50 02 26 | www.falstaff-bremen.de
Öffnungszeit: Fr ab 23 Uhr
Bus & Bahn: Theater am Leibnizplatz (Linie 4/5/6)

Kulturzentrum Lagerhaus

Neben der geräumigen Kneipe, in der die Viertelbewohner sich gerne treffen und auch mal zu World Music auf den Stühlen mitswingen, gibt es im Lagerhaus auch einen Diskobereich, in dem Tanzfreudige um die 30 in angenehmer Atmosphäre die Nacht zum Tag machen. Ob Disko, lateinamerikanische »tanzbar« oder »Party für kulturelle Vielfalt«: Im Lagerhaus ist die Musik- und Feiermischung bunt!

Lagerhaus
Schildstraße 12–19
28203 Bremen
☎ 0421/70 14 61
www.kulturzentrum-lagerhaus.de
Öffnungszeiten: Kafé Lagerhaus: Mo–Sa ab 18 Uhr, So ab 16 Uhr; aktuelle Partytermine auf der Website | Bus & Bahn: Wulwesstraße/Ulrichsplatz (Linie 2/3) oder Sielwall (Linie 2/3/10)

Kulturzentrum Schlachthof

In der großen Kesselhalle finden Live-Konzerte, im engen Magazinkeller coole Studentenpartys statt. Am Rande der Bürgerweide gelegen ist der Schlachthof ein beliebtes Veranstaltungszentrum für jung und alt. Und wer es wild mag, bestaunt die Skaterszene auf dem Vorplatz, die tollkühne Loops vorführt. Die Schlachthofkneipe ist übrigens ein guter Ort, um vor oder nach den Konzerten noch etwas zu trinken und den Abend Revue passieren zu lassen – im Sommer kann man draußen im Biergarten sitzen.

Kulturzentrum Schlachthof | Findorffstraße 51
☎ 0421/37 77 50 | www.schlachthof-bremen.de
Bus & Bahn: Daniel-v.-Büren-Straße (Linie 10/63s)
oder Theodor-Heuss-Allee (Linie 25)

Bürgerhaus Weserterrassen ♥♥♥

Hier gibt es die stadtbekannten World Beat Partys, auf denen nicht der musikalische Euro-Pop-Brei aus dem Radio zu hören ist, sondern Musik aus Südamerika, Westafrika, Russland oder anderswo. Häufig finden Live-Konzerte statt.
Das Restaurant hat auch einen lauschigen Außenbereich, wo man mit Blick auf die Weser auf Bierbänken unter Bäumen sitzen und noch ein Bierchen trinken kann.

Bürgerhaus Weserterrassen | Osterdeich 70b | 28205 Bremen
☎ 0421/54 94 90 | www.weserterrassen.com
Öffnungszeiten Gastronomie: täglich 10–23 Uhr, Mo ab 12 Uhr,
aktuelle Veranstaltungen auf der Website
Bus & Bahn: St.-Jürgen-Straße (Linie 2/3/10)

Aladin und Tivoli

Das Aladin in Bremen-Hemelingen ist über die Grenzen Bremens hinaus für Konzerte von Rock bis Schlager, von Heavy Metal bis Hip Hop sowie für seine Ü40-Parties bekannt. Mottoabende wie die »Hardrocknacht« oder die »Rabenschwarze Nacht« für die Rave-und Wave-Szene finden im angeschlossenen Tivoli statt. Für die Paare unter euch, die es wild und laut mögen!

Aladin Music Hall | Hannoversche Straße 11 | 28309 Bremen
☎ 0421/43 51 50 | Internet: www.aladin-bremen.de
Bus & Bahn: Hemelinger Bahnhofstraße (Linie 40/41; 42)
oder Bahnhof Hemelingen (Regionalbahnen)

Music Hall Worpswede

Die Music Hall Worpswede ist mit ihrem mehr als 100 Jahre alten Saal eine richtige Institution in Sachen Konzerte und Veranstaltungen – bekannt in Worpswede und weit darüber hinaus.

Music Hall Worpswede | Findorffstraße 21 | 27726 Worpswede
☎ Büro 04792/95 01 39, Saal 04792/9 61 51 | www.musichall-worpswede.de

Bremer Liebesgeschichten:

Schicksalhafte Begegnung im Falstaff

»Das erste Mal gesehen haben wir uns im Falstaff … na ja, also ICH habe ihn wahrgenommen.« So beschreibt Katrin A. lachend den Abend in der Neustädter Disko, als sie Harald K. entdeckte. Und um ehrlich zu sein, war sie ein wenig skeptisch. Denn Harald, im Gegensatz zu den anderen Gästen, die eher um die 30 und älter waren, sah aus »wie ein Zivi.« Ob der nicht zu jung war? Doch dann verloren sich die beiden wieder aus den Augen. Und obwohl Katrin freitags Stammgast im Falstaff war, tauchte Harald etwa ein Jahr lang nicht mehr auf. Als er dann eines Freitags wieder das Tanzbein schwang, wusste Katrin, dass in der nächsten Zeit etwas passieren musste.

Da Bremen nun mal ein »Dorf mit Straßenbahn« ist und man sich immer mal wiedertrifft, hatte Katrin schon bemerkt, dass der junge Mann ganz in ihrer Nähe in der Neustadt wohnte. Eines Tages kam sie von einem Einkauf nach Hause und sah, wie Harald gerade sein Fahrrad vor der Tür abstellte. Katrin schritt zur Tat: Beherzt riss sie ein Stück aus ihrer Einkaufstüte heraus und schrieb darauf eine kleine Nachricht, die sie dann um Haralds Fahrradlenker wickelte.

Ein paar Tage verstrichen, bis Harald sich endlich bei Katrin meldete. Der damals 32-Jährige (der also gar nicht zu jung für Katrin war) wollte sich dann aber auch sofort verabreden, sodass die beiden zunächst im Piano und dann in der Lemon Lounge landeten, wo sie die ganze Nacht redeten – mit Schmetterlingen und dem einen oder anderen Cocktail im Bauch. Ein paar Tage später gingen sie gemeinsam in den Biergarten im Weserbogen, dann trafen sie sich wieder, um an der Weser spazierenzugehen – und so wurden Harald und Katrin ein Paar.

Was im Falstaff begann, wurde dort auch mit einer großen Party gekrönt. Denn Katrin und Harald feierten mit »ihrem« DJ Matze, dem Haus- und Hof-DJ des Falstaff, ihre Hochzeit am Ort ihres ersten Treffens. Und wenn die Kinder sie lassen, tanzen sie dort auch heute noch ab und an ...

Heiße Rhythmen: Salsa, Tango und mehr

Dass die angeblich so zugeknöpften Hanseaten eine rege Tango- und Salsa-Szene in ihrer Stadt beherbergen, ist für viele überraschend. In den einschlägigen Clubs und Tanzschulen könnt ihr Tanzabende oder kostenlose Schnupperstunden besuchen. Warum nicht mal wieder ein Tänzchen wagen? Dabei kann man sich noch mal auf ganz andere Art und Weise näher kommen ...

Salsa Tanz Akademie

Hier lernt ihr bei Laine und Yoyo feurigen Salsa und aufregende Salsa-Varianten. Im hellen, freundlichen Saal mit dunklem Parkettboden und einer großen Spiegelwand werdet ihr sicherlich eine gute Figur machen! Wer das Tanzbein nur mal zur Probe schwingen möchte, kann freitags abends um 21 Uhr zur kostenlosen Schnupperstunde kommen. Bitte anmelden!

Salsa Tanz Akademie | Am Dobben 134 | 28203 Bremen
☎ 0421/4 78 95 25 | www.salsa-tanzakademie.de
Bus & Bahn: Humboldtstraße (Linie 10)

Tanz-Fluss Tanzstudio

Hier könnt ihr u. a. Salsa Cross Body Style, aber z. B. auch Samba erlernen. Es gibt zahlreiche Kurse und Wochenend-Workshops, außerdem bietet die Tanzschule kostenlose Schnupperstunden an.

Tanz-Fluss | Ansgaritorswallstr. 19 | 28195 Bremen
☎ 0421/3 38 57 81
www.tanz-fluss.de
Bus & Bahn: Schüsselkorb (diverse)

Studio Libertango Bremen

Mehr als Eins, Zwei, Wiegeschritt ... Hier ihr könnt den leidenschaftlichen Tango Argentino erlernen. Vielleicht besucht ihr gemeinsam einen Wochenendworkshop? Wer's schon tanzflächenkompatibel kann, für den bietet sich jeden Freitag ab 21 Uhr die Möglichkeit, frei zu tanzen – an sommerlichen Abenden mit romantischen Verschnaufpausen auf der Dachterrasse.

Studio Libertango | Kantine 5 | An der Weide 50 | 28195 Bremen
☎ 0421/4 98 46 79 | www.studio-libertango.de
Bus & Bahn: Hauptbahnhof (diverse) oder Rembertistraße (Linie 1/4/5/10/25)

La Milonga

Im La Milonga gibt es ebenfalls fortlaufende Kurse. Wenn ihr schon ein bisschen tanzen könnt, könnt ihr außerdem mittwochs ab 21 Uhr bei Samba-, Salsa-, und Tango-Tanznächten übers Parkett schweben. Sonntags ab 20 Uhr könnt ihr euch zum »Tango Tanzabend« einfinden. Jeden zweiten Samstag im Monat gibt es ab 21 Uhr die beliebte »Salsa Party«. Wer Blut geleckt hat, kann auch an einem der zahlreichen Tanzworkshops teilnehmen.

La Milonga | Stader Str. 35 | 28205 Bremen
☎ 0421/44 22 84 | www.lamilonga.de
Bus & Bahn: Stader Straße/Hamburger Straße (Linie 3/22),
Bei den drei Pfählen (Linie 2/10)

Klassisch: Walzer, Discofox & Co.

In den meisten der aufgeführten Tanzschulen gibt es Hochzeitskurse, in denen ihr vor dem großen Auftritt zum Eröffnungswalzer eure Tanzkenntnisse noch mal auffrischen könnt. Aber auch wenn die Hochzeit noch nicht vor der Tür steht, macht ein gemeinsamer Tanzkurs viel Spaß! Und vielleicht kommt der große Tag dann schneller, als ihr denkt …

Tanzschule Erika Schermeier

Professionelles Training gibt es in einer der bekanntesten Tanzschulen in Bremen. Freitags abends gibt es regelmäßig Tanzabende, an denen auch Gäste teilnehmen können. Auch Salsa-Kurse werden angeboten.

Tanzschule Erika Schermeier
Rembertistraße 63
28195 Bremen
☎ 0421/34 59 84 | www.tanzschule-schermeier.de
Bus & Bahn: Hauptbahnhof (diverse)
Rembertistraße (Linie 1/4/5/10/25)

Tanzschule Wendt

Beim freundlichen Tanzlehrer Lars Wendt lernt ihr in der Kantine 5 im ehemaligen Postamt alles, was ihr braucht, um auf der Tanzfläche eine gute Figur zu machen. Hier könnt ihr einen Hochzeitscrashkurs besuchen, bei dem ihr in zweieinhalb Stunden Walzerschritte für den Eröffnungstanz und flotte Discofoxfiguren für die ganze Nacht erlernen könnt.

Lars Wendt | Ellhornstraße 26 | 28195 Bremen
☎ 0421/4 78 83 34 | www.tanzschule-wendt.com
Kantine 5 (Altes Postamt) | An der Weide 50
Bus & Bahn: Hauptbahnhof (diverse)

Tanzschule Mosler

Seit über 50 Jahren wird in der Tanzschule Mosler gelehrt, wie man sich zu zweit über die Tanzfläche bewegt. Das Ambiente erinnert ein wenig an frühere Tanzschulzeiten; die Paarkurse sind nach individuellen Vorkenntnissen und Interessen buchbar.

Tanzschule Mosler | Bürgermeister-Smidt-Straße 59–61
(Eingang »Am Wandrahm«) | 28195 Bremen
☎ 0421/30 22 44 | www.tanzschule-mosler.de
Bus & Bahn: Am Wall (Linie 1/26/27/62/64/101/102)

Bremen gilt als die Stadt mit der größten Lesben-Szene Deutschlands, und auch für Schwule gibt es ein gutes Angebot an speziellen Bars & Clubs.

Bronx ♥

Das Bronx ist eine Jeans- und Lederkneipe für Männer – mit Baustellendeko und anregenden Filmen.

Bronx | Bohnenstraße 1 | 28203 Bremen
☎ 0421/70 24 04
Öffnungszeiten: täglich ab 22 Uhr, Fr & Sa kein Eintritt für Frauen
Bus & Bahn: Humboldtstraße (Linie 10) oder Am Dobben (Linie 1/4/5/10)

Downtown Club ♥

In der einzigen Schwulendisko Bremens trifft sich jedermann, um zu tanzen und zu feiern.

Downtown Club | Außer der Schleifmühle 49 | 28203 Bremen
☎ 0421/33 47 270
Öffnungszeiten: Mi–So ab 23 Uhr
Bus & Bahn: Rembertistraße (Linie 1/4/5/10/25)

Café Kweer ♥♥

Ein freundlicher Ort im Rat & Tat Zentrum, um nette Leute kennenzulernen – für Männer und Frauen. Außerdem gibt es spezielle Treffen für Lesben und eine Bi-Gruppe.

Rat & Tat Zentrum | Theodor-Körner-Straße 1 | 28203 Bremen
☎ 0421/70 00 07
www.ratundtat-bremen.de/cafekweer.html
Öffnungszeiten: 1. & 3. Di im Monat 20–24 Uhr,
Mi & Fr 20–24 Uhr, So 15–18 Uhr
Elledorado (Lesbencafé): jeden 3. Sa im Monat ab 20 Uhr
Bi It (Café der Bi-Gruppe): jeden 4. Do im Monat ab 20 Uhr
Infos zu weiteren Veranstaltungen auf der Website
Bus & Bahn: Wulwesstraße/Ulrichsplatz (Linie 2/3)

Schlachthof Magazinkeller

Im Magazinkeller findet monatlich die »Stand Up Disco« für Schwule, Lesben und Freunde statt.

Kulturzentrum Schlachthof | Findorffstr. 51 | 28215 Bremen
☎ 0421/37 77 50 | www.schlachthof-bremen.de
Bus & Bahn Daniel-v.-Büren-Straße (Linie 10/63s),
Theodor-Heuss-Allee (Linie 25)

Süße Träume und Entspannung zu zweit

Übernachten & Wellness

Bremen zeigt sich sogar kurz vor dem Einschlafen noch von seiner besten Seite. Denn hier lässt es sich wunderbar nächtigen: im edlen Parkhotel, im schlichten Bed-and-Breakfast oder bei Bremern zu Hause. Und vielleicht bleibt ihr auch mal eine Nacht länger?

Wenn ihr einfach mal die Seele baumeln lassen wollt, könnt ihr euch an einem der vielen schönen Bremer Wellness-Orte verwöhnen lassen. Willkommen im türkischen Hamam, bei einer ayurvedischen Massagebehandlung für zwei oder in der gemütlichen Landsauna!

Preiskategorien:

(10) Doppelzimmer –50 Euro/Nacht

(10)(10) Doppelzimmer 51–100 Euro/Nacht

(10)(10)(10) Doppelzimmer 101–150 Euro/Nacht

(10)(10)(10)(10) Doppelzimmer 151–350 Euro/Nacht

Camping am Stadtwaldsee ♥ (10)

Eine der günstigsten Varianten der Übernachtung, wenn auch eine echte Herausforderung für Paare. Nicht immer spielt das Bremer Wetter mit, sodass ihr im Zelt auf dem etwas nüchternen Campingplatz am »Unisee« schon mal ganz nah zusammenrücken müsst, wenn die Regentropfen an die Zeltwand klopfen ... aber für viele gibt es nichts Romantischeres!

Camping am Stadtwaldsee | Hochschulring 1
☎ 0421/841 07 48 | www.camping-stadtwaldsee.de
Bus & Bahn: Campingplatz (Linie 6, ab NW1 mit der Linie 21)

Jugendherberge in Bremen ♥ (10)

Die 2004/2005 sanierte Jugendherberge liegt sehr zentral direkt an der Weser, einen Steinwurf von den Restaurants und Biergärten an der Schlachte entfernt. *Tipp:* Wer ein Doppelzimmer mit Möglichkeiten zur »Tuchfühlung« will, sollte bei der Buchung auf einem Zimmer bestehen, in dem die Betten nebeneinander stehen.

Die Weser – Das Schiff der Jugendherberge ♥♥

Direkt vor der Jugendherberge liegt das Schiff Die Weser vor Anker, auf dem meist Gruppen und Schulklassen untergebracht werden. In den sehr kleinen Betreuerkojen kann man es sich zwar auch zu zweit gemütlich machen, allerdings kann man hier nicht nebeneinander, sondern nur in Etagenbetten nächtigen.

Jugendherberge in Bremen | Kalkstr. 6 | 28195 Bremen
☎ 0421/16 38 20 | www.jugendherberge.de/jh/bremen
Bus & Bahn: Radio Bremen/VHS (Linie 2/3/25) oder Am Brill (diverse)

GastHaus Bremer Backpacker Hostel

Dieses klassische Backpacker Hostel im Bahnhofsviertel kann man auch mit kleinem Geldbeutel beziehen. Reserviert unbedingt das Zimmer mit dem Queensize-Bett, sonst müsst ihr im Zwei-Bett-Zimmer die Betten zusammenschieben ...

GastHaus Bremer Backpacker Hostel | Emil-Waldmann-Str. 5/6
28195 Bremen | ☎ 0421/2 23 80 57 | www.bremer-backpacker-hostel.de
Bus & Bahn: Herdentor (diverse), Rembertistraße (Linie /4/5/10/25/730/740)

Townside Hostel Bremen

Hier gibt es auch ein Apartment und Zwei-Bett- oder Doppelzimmer, die für Paare geeignet sind. Für Leute, die es quirlig mitten im Viertel mögen.

Townside | Am Dobben 62 | 28203 Bremen
☎ 0421/78 0 15 | Internet: www.townside-hostel.de
Bus & Bahn: Humboldtstraße (Linie 10)

Mittendrin – wohnen auf Zeit

Im sog. »Milchquartier«, einer der ersten Adressen Bremens, kann man bei Helga Poetsch und Familie für ein Wochenende oder länger »zur Untermiete« in einer Gästewohnung unterm Dach wohnen. Die freundlichen Vermieter und das ruhige, aber doch zentrale Viertel direkt neben dem Bremer Theater sorgen dafür, dass ihr euch in Bremen schnell heimisch fühlt.

Helga Poetsch | Mozartstr. 26 | 28203 Bremen
☎ 0421/32 33 38 | Bus & Bahn: Theater am Goetheplatz (Linie 2/3)

Gästeträume  

In den Apartments wohnt man mitten im Viertel und reist doch in die Welt hinaus: Die Wohnungen sind marokkanisch oder indisch, provenzalisch oder toskanisch eingerichtet und fast alle mit Balkon ausgestattet. Liebevoll eingerichtete Ferienwohnungen für mediterrane oder orientalische Nächte im Norden Deutschlands!

Tara M. Kaiser | Sielwall 80 | 28203 Bremen
☎ 0179/320 47 77 | www.gaestetraeume.de
Bus & Bahn: Sielwall (Linie 2/3/10)

Ferienwohnung in Gröpelingen ♥ ⑩⑩

Im ersten Stock mit separatem Eingang befindet sich die großzügige Ferienwohnung mit Wohnzimmer, Doppel- und Einzelzimmer, Küche und Bad. Auf Wunsch wird gegen Aufpreis ein Frühstück angeboten.

Gabriele Meyer | Heidbergstraße 69 | 28239 Bremen
☎ 0421/61 25 15 | www.fuermeinegaestenurdasbeste.de
Bus & Bahn: Karl-Bröger-Straße (Linie 71/73/665/660)

Der besondere Tipp: Wohnen im Kunstsalon ⑩⑩ ♥♥♥

Die Bremer Künstlerin Petra Heitkötter hat mehrere kleine Wohnungen im Bremer Stadtteil Walle gestaltet. Umgeben von moderner Kunst und stimmungsvollen Bildern, die zum Raumambiente passen, alten Möbeln und einem bunten Kronleuchter kann man hier in einem besonderen Ambiente wohnen. Und wenn die Künstlerin Zeit hat, erlaubt sie gelegentlich sogar einen Blick in ihr Atelier ...

Kunstsalon Bremen
Petra Heitkötter | Helgolander Str. 56
28217 Bremen | ☎ 0421/7 58 00
www.petra-heitkoetter.de
Bus & Bahn: Gustavstraße
(Linie 2/10/665/680)

Dependance de Arte
Keith Str. 30 | 28217 Bremen
Atelier Schwerin Str. 1/
Ecke Zietenstr. | 28217 Bremen
Bus & Bahn: Gustavstraße
(Linie 2/10/665/680)

Wohnen im Blockland: Ferienwohnung Wümmeblick

♥♥ ⓾

Im Obergeschoss eines urigen Reetdachhauses im Bremer Blockland befindet sich die Ferienwohnung der Familie Garbade. Wer's ländlich mag und die Nähe zu Bremen nicht missen will, ist hier richtig!

Familie Garbade | Niederblockland 28 | 28357 Bremen

☎ 0421/644 71 41 | www.fewo-wuemmeblick.de

Hotels

Vom kleinen Familienhotel bis zur Luxusherberge findet ihr in Bremen diverse Übernachtungsmöglichkeiten. Viele der Hotels bieten auch Arrangements und Übernachtungspakete an. Danach fragen lohnt sich! Weitere Angebote der Bremer Touristik-Zentrale (☞ S. 62), die sich für verliebte Paare in Bremen anbieten, laufen unter Namen wie »Genuss & Wohlgefühl«, »Entspannen und Genießen« oder gar »Sex in the City«. Diese Pauschalangebote sind praktisch, da im Paket Übernachtung, Essen und Eintrittskarten oder Stadtrundfahrten geboten werden. Allerdings solltet ihr genau hinschauen, ob Lage des Hotels und Reisedaten zu eurer Planung passen.

Hotel Lichtsinn ♥ ⑩⑩

Zwischen Wallanlagen und Hauptbahnhof liegt das Hotel Lichtsinn, das im Doppelzimmer Nr. 17 sogar ein geschnitztes Bauernhimmelbett bereithält. Die Preise sind inklusive Benutzung des Fitnessraums und des Wellness-Bereichs, sodass man reuelos das ebenfalls im Preis inbegriffene Frühstück genießen kann.

Hotel Lichtsinn | Rembertistr. 11 | 28203 Bremen
☎ 0421/36 80 70 | www.hotel-lichtsinn.de
Bus & Bahn: Rembertistraße (Linie 1/4/5/10/25)

★ Turmhotel Weserblick ♥♥♥ ⑩⑩

Dieses Hotel an der Weser bietet zwei Besonderheiten: das Turmzimmer mit Weserblick und ein stilechtes Turmverlies!

Turmhotel Weserblick
Osterdeich 53 | 28203 Bremen
☎ 0421/ 79 03 00
www.hotelgruppe-kelber.de
Bus & Bahn: Sielwall (Linie 2/3/10)

Hotelschiff »Die Perle« ♥♥ 🗝 ⑩⑩–⑩⑩⑩⑩

Direkt an der Schlachte, Bremens Waterkant und Flaniermeile, liegt die Perle, die in zwei Kabinen Übernachtungsmöglichkeiten bietet. Eine davon ist neben der Schlafkabine mit einem großzügigen Salon und Terrasse ausgestattet, die andere bietet neben einer Schlaf- und Wohnkabine eine eigene Dachterrasse. Einchecken und frühstücken kann man im nahe gelegenen Hotel Stadt Bremen.

Hotelschiff »Die Perle« | Schlachteanleger 7 | 28195 Bremen
☎ 0421/94 94 10 | www.hotelgruppe-kelber.de
Bus & Bahn: Martinistraße (Linie 25) oder Domsheide (diverse)

Hotel zum Kuhhirten

Wer die Citynähe mag, aber im Grünen wohnen möchte, findet im Hotel zum Kuhhirten Landatmosphäre.
Auf dem Stadtwerder, der Halbinsel zwischen Weser und Werdersee, befindet sich das gutbürgerliche Haus mit 34 Zimmern. Die Preise sind inklusive Frühstück.

Hotel zum Kuhhirten
Kuhhirtenweg 5
28201 Bremen
☎ 0421/55 53 37
www.hotel-zum-kuhhirten.de
Bus & Bahn: Wilhelm-Kaisen-Brücke
(Linie 4/5/6/8/24)

Landhaus Höpkens Ruh

In dieser Dependence des Park Hotels in Bremen-Oberneuland erwarten euch acht individuell eingerichtete Zimmer im französischen Landhausstil. Die Doppelzimmer sind ohne

Frühstück, das ihr aber gegen Aufpreis individuell zusammenstellen und im angeschlossenen Restaurant einnehmen könnt.

Landhaus Höpkens Ruh | Oberneulander Landstraße 69 | 28355 Bremen
☎ 0421/20 58 53 | www.hoepkens-ruh.de
Bus & Bahn: Am Querkamp (Linie 33)

Hotel Residence ❤❤ ⑩⑩–⑩⑩⑩

In der Nähe des Bahnhofs liegt wohl eines der sympathischsten Hotels Bremens, das Hotel Residence. Hier kann man gemütliche Doppelzimmer oder kleine Apartments anmieten, die in der Patriziervilla selbst oder nebenan, in der Kleinen Residenz, liegen. Die Zimmerpreise sind inklusive Saunabenutzung und Frühstück, können aber auch ohne Frühstück gebucht werden. Das überaus freundliche Hotelpersonal kümmert sich gern um eure Belange und bietet – nach Absprache – auch eine Fahrt mit dem hauseigenen »herzroten« Oldtimer an ...

Hotel Residence Bremen
Hohenlohestraße 42 | 28209 Bremen
☎ 0421/34 87 10 | www.hotelresidence.de
Bus & Bahn: Blumenthalstraße (Linie 6/8/24/630/670/739)

Best Western Wellness Hotel zur Post

Am Bahnhofsplatz in der Nähe des Überseemuseums liegt das Hotel zur Post, das über 17 Doppelzimmer mit Twin-Betten sowie einen großräumigen Fitness- und Wellnessbereich verfügt und zudem mit einer hervorragenden Patisserie mit vorzüglichen Kuchen- und Tortenkreationen aufwarten kann. Wer es ein wenig dramatisch-romantisch mag, kann sich in der Juniorsuite Jekyll and Hyde einmieten, die dem rot-schwarzen Design der Bühnengestaltung des Musical-Stücks nachempfunden ist.

Tipp: Wer eine geruhsame Nacht wünscht, sollte ein Zimmer mieten, das nicht zur Hochstraße liegt.

Best Western Wellness Hotel zur Post | Bahnhofsplatz 11 | 28195 Bremen
☎ 0421/3 05 90 | www.zurpost.bestwestern.de
Bus & Bahn: Hauptbahnhof (diverse)

Atlantic Hotel Universum   

In der Nähe der Universität, mit direktem Blick auf das Universum®, liegt das Atlantic Hotel, dessen Zimmer modern gestaltet sind und dessen Restaurant hervorragend ist. Ausgewiesen als Tagungshotel bietet es aber auch für Urlauber und Verliebte alles, was das Herz begehrt: z. B. einen Sauna- und Entspannungsbereich zum Relaxen. Die Preise sind inklusive Frühstücksbüffet und Nutzung des Wellness- und Saunabereichs.

ATLANTIC Hotel Universum | Wiener Straße 4 | 28359 Bremen
☎ 0421/24 67 0 | www.atlantic-hotels.de/universum/hotel
Bus & Bahn: Wiener Straße (Linie 22/28/630/670),
Universität/NW1 (Linie 6/20/21/22/ 630/670)

Atlantic Hotel Airport Bremen

Über den Wolken … Direkt gegenüber der Abflughalle liegt das Atlantic Hotel Airport, das für Reisende ideal ist und durch die direkte Straßenbahnverbindung auch einen schnellen und unkomplizierten Ausflug in die Innenstadt möglich macht. Neben dem Frühstücksbüffet, das im Zimmerpreis enthalten ist, empfiehlt sich der Besuch im angeschlossenen Restaurant Blixx (☞ S. 41), wo man einen Blick auf die Start- und Landebahnen des Flughafens hat. Wer von euch also Flughafenromantik mag, der ist hier genau richtig. Allen anderen sei für die Suche nach einem Domizil für die Nacht eher die Fahrt in die Stadt empfohlen.

Atlantic Hotel Airport Bremen | Flughafenallee 26 | 28199 Bremen
☎ 0421/55 71-0 | www.atlantic-hotels.de
Bus & Bahn: Flughafen (Linie 6/52) oder Neuenlander Feld/Airport (Linie 6)

Innside Premium Hotel Bremen

Die Inneneinrichtung dieses Hotels direkt am Hafen in Bremen-Gröpelingen ist noch auf das gescheiterte Großbauprojekt, den Space Park, ausgerichtet: Das gesamte Hotel ist mit Sternenbildern und Space-Design ausgestattet. In der Atmosphäre wirkt es damit etwas kalt, aber die Lage im Hafengelände mit Industrieromantik und in der Nähe des Einkaufs- und Freizeitzentrums Waterfront macht das Hotel zu einer beliebten Unterkunft. Das Hotel bietet u. a. das Arrangement »Romantisches Wochenende an der Weser« an, das eine Über-

nachtung, ein Langschläferfrühstück im Bett, ein Drei-Gänge-Menü im Hotelrestaurant und eine Kinokarte pro Person für das Cinespace Kino (☞ S. 107) beinhaltet.
Preis pro Person: ab 99 Euro.

Innside Premium Hotel Bremen | Sternentor 6 | 28237 Bremen
☎ 0421/24 27-0 | www.innside.de | Bus & Bahn: Use Akschen (Linie 3)

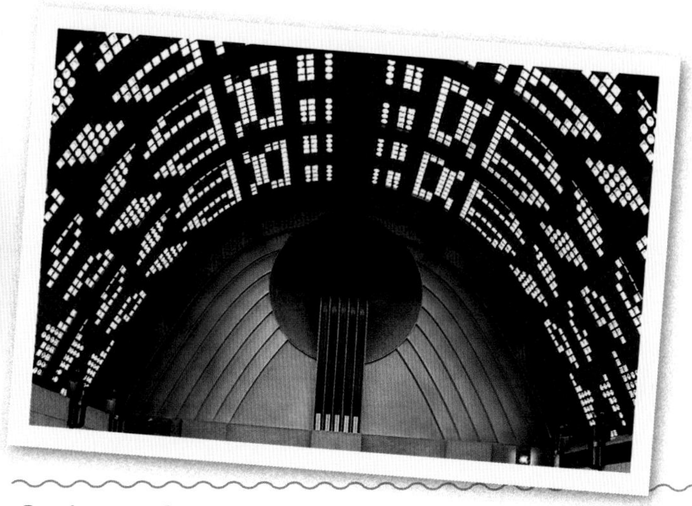

Hilton Bremen

Das Bremer Hilton liegt in der historischen Böttcherstraße, einen Steinwurf vom Marktplatz entfernt. Das Hotel bietet alles, was der renommierte Name verspricht. Dennoch gibt es hier noch ein bremisch-künstlerisches Extra: den Himmelssaal im Dachgeschoss. In den 1930er Jahren vom expressionistischen Künstler Bernhard Hoetger entworfen, erstrahlt dieser Saal mit seinen blauen und weißen Glasbausteinen. Den Schlüssel für das beeindruckende Treppenhaus und den Saal bekommt ihr, auch wenn ihr hier nicht Gast seid, montags an

der Rezeption des Hotels. Die Preise sind inklusive Frühstück und stark von den Buchungszeiten abhängig.
Über die Bremer Touristik-Zentrale kann man hier das Angebot »Bremen für 2« wahrnehmen: Nach der Anreise von Freitag bis Sonntag erwarten euch zwei Übernachtungen inklusive Hilton Breakfast, Drei-Gänge-Menü im Restaurant L'Oliva, Eintritt ins Casino und Begrüßungscocktail. Außerdem steht euch der Wellnessbereich zur Verfügung.

Hilton Bremen | Böttcherstraße 2 | 28195 Bremen
☎ 0421/36 96 0 | www.hilton.de/bremen
Bus & Bahn: Domsheide (diverse) oder Obernstraße (Linie 2/3)

Das Hochzeitshaus – ein Hotel nur für euch

♥♥♥ ⑩⑩⑩⑩

Im Mittelalter durfte in Bremen nur heiraten, wer einen Wohnsitz in Bremen nachweisen konnte. Und so gibt es bis heute ein kleines Fachwerkhäuschen mitten im Schnoor, in dem sich seit Jahrhunderten verliebte, verlobte und schließlich verheiratete Paare für eine Nacht (oder länger) niederlassen. Dieses wahrscheinlich kleinste Hotel der Welt habt ihr ganz für euch: ein Himmelbett unterm Dach, eine kleine Couchecke und ein Bad mit Whirlpool im ersten Stock, eine kleine Küche und ein Tisch im Erdgeschoss. Die Zweisamkeit ist perfekt – sitzt man allerdings in der ebenerdigen Küche, muss man die unzähligen Touristen ertragen, die neugierig ins Haus starren und ihre Nasen an den Fensterscheiben platt drücken. Renate Rohrbach heißt euch in diesem traditionsreichen Hotel willkommen und sorgt zusammen mit ihren Heinzelmännchen

für Rosen im ganzen Haus und so manch andere kleine Aufmerksamkeit. Ein üppiges Sektfrühstück mit Bremer Ratskellersekt steht für euch am nächsten Morgen bereit.

Hochzeitshaus | Wüstestätte 5 | 28195 Bremen
Geschäftsleitung: Frau Rohrbach
☎ 0421/9 86 05 47 (Di–So 11–18 Uhr), 0162/104 49 54
www.hochzeitshaus-bremen.de
Bus & Bahn: Domsheide (diverse)

Bremer Liebesgeschichten:

Paare im Hochzeitshaus

Die Gäste kommen aus allen Himmelsrichtungen in das »wahrscheinlich kleinste Hotel der Welt« und verbringen hier ihre Hochzeitsnacht oder gar ihre Rubinhochzeit.
Unzählige Liebespaare haben schon im Schnoor im Hochzeitshaus zweisame Nächte verbracht. Renate Rohrbach kann zahlreiche lustige Anekdoten erzählen, z. B. von Paaren, die mit zu viel Whirlpooldampf versehentlich den Feuermelder ausgelöst haben oder Paaren, die vergessen haben, die Vorhänge im Schlafzimmer zuzuziehen, sodass angeblich im angrenzenden Restaurant schon Platzkarten vergeben wurden ...
Einen romantischen Einblick in das Liebesglück der ehemaligen Gäste gewähren die Gästebücher, in denen seit Jahren Erlebnisse und Danksagungen, aber auch Restauranttipps verewigt werden.
»Das Schwerste am Aufenthalt im Hochzeitshaus ist die Zeit davor!«, schreibt ein Paar und spricht damit wohl vielen aus der Seele. Viele feiern hier ihr »Liebesjubiläum«, ein deutsches Paar aus England findet hier ein »wundervolles Stück Heimat in unserer Hochzeitsnacht«, der »wahrscheinlich erste Libanese« im Hochzeitshaus ist begeistert, und auch Karsten und Kathrin von der Nordseeinsel Langeoog finden es hier »komodig«. Und wie fühlt es sich nach vielen, vielen Jahren Ehe an? Darauf wissen Silke und Hans eine plattdeutsche Antwort: »41 Johr is en lange Tiet, wenn man dat vor sik liggen süht. 41 Johr is en kotte Spann, wenn man dat kiekt vun achtern an.« (41 Jahre sind eine lange Zeit, wenn man sie vor sich liegen sieht. 41 Jahre sind eine kurze Spanne, guckt man sie sich von hinten an.) Viele glückliche

Paare haben im Hochzeitshaus die Zweisamkeit und das urige Bremer Schnoor-Viertel genossen. Und so schreibt Familie R. ganz verzückt: »Vor sieben Jahren ineinander und vor sechs Jahren in Bremen und das Schnoor mitsamt dem süßen Hochzeitshaus verliebt.«

Park Hotel Bremen

und mehr

Das Park Hotel ist die erste Adresse in Bremen. Als einziges Fünf-Sterne-Hotel Bremens und als eines der »Leading Hotels of the World« bietet es Luxusnächte (und -tage) der besonderen Art. Im Stile eines fürstlichen Landsitzes liegt das Hotel mitten im Bürgerpark, vor seiner Tür befindet sich der Hollersee. Im Preis inbegriffen sind Frühstück und die Nutzung des Wellness-Centers Spa'rks. Vom Doppelzimmer bis

zur Hochzeits- und Präsidentensuite kann man sich hier mit diversen Arrangements einmieten.
Tipp: Macht doch mal einen Rundgang um den Hollersee und betrachtet die Sitzbänke. Diese sind von Familien, Firmen und Paaren gestiftet worden, die sich hier ihr ganz persönliches Plätzchen gegönnt und einander ihre Liebe geschworen haben (☞ S. 68).

Park Hotel Bremen | Im Bürgerpark | 28209 Bremen
☎ 0421/3 40 80 | www.park-hotel-bremen.de
Bus & Bahn: Bürgerpark (Linie 26/27), Messezentrum (Linie 26/27)

Hotel Munte am Stadtwald

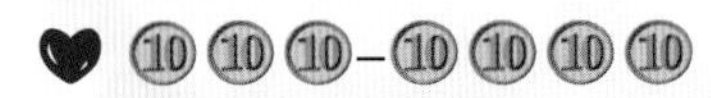

Am Rande des Bürgerparks und Stadtwaldes in der Nähe der Universität liegt das bremische Hotel Munte. Romantische Spaziergänge im Bürgerpark und die Nähe zum Blockland sind die Vorzüge des Hauses. Die Preise verstehen sich inklusive Frühstück und Nutzung des stadtbekannten Wellnessbereichs, der in asiatischer Atmosphäre vier Saunen und ein kleines Schwimmbad für euch bereithält.
Das Romantik-Arrangement »Rosenträume« beinhaltet zwei Übernachtungen mit Frühstück, ein Drei-Gang-Menü und am zweiten Abend ein richtiges Candle-Light-Dinner im hervorragenden Hotelrestaurant Wels, die Nutzung des Wellnessbereichs sowie eine Massage-Behandlung (mit Rosenöl) nach Wahl.

Hotel Munte am Stadtwald | Parkallee 299 | 28213 Bremen
☎ 0421/2 20 20 | www.hotel-munte.de
Bus & Bahn: Munte (Linie 22/630/670)

Swissôtel Bremen

Unweit der Mühle in den Wallanlagen liegt das Swissôtel Bremen, das seit 2008 Gäste aus nah und fern begrüßt. Die konkreten Tagespreise müsst ihr erfragen. Die Zimmer sind in der Woche exklusive und am Wochenende inklusive Frühstück. Das Hotel bietet wechselnde Arrangements an, u. a. auch für romantische Wochenenden (mit dem obligatorischen Rosenblütenbad). Auch hier müsst ihr zu gegebener Zeit nachfragen.

Swissôtel Bremen | Hillmannplatz 20 | 28195 Bremen
☎ 0421/478 84 90 | www.swissotel.com | Bus & Bahn: Herdentor (diverse)

★ ÜberFluss

Das ÜberFluss ist ein ganz besonderes Hotel in Bremen, denn es ist das erste und bisher einzige Designhotel, das Mittelalter und Moderne verbinden kann! Hier bieten sich von der Architektur bis zum Mobiliar viele Entdeckungen fürs Kennerauge – nicht unbedingt gemütlich, aber sehr stylish und anregend. Und während oben im Hotel die Moderne in Form und Farbe gegossen ist, gibt es unten im Keller einen ganz besonderen Schatz: ein echter Teil der Bremer Stadtmauer! Bei den Bauarbeiten zum Hotel sind nämlich Reste der Stadtmauer aus dem 11. Jahrhundert gefun-

den worden, die innerhalb der Hotelmauern erhalten bleiben sollten. Nun läuft durch den Ruheraum des Wellnessbereichs diese alte Mauer, auf der man zwischen den Saunagängen Platz nehmen kann.
Die Designdoppelzimmer des ÜberFluss sind mit und ohne Weserblick buchbar, eine Suite steht gar mit Whirlpool und Sauna zur Verfügung. Die Preise sind inklusive Frühstück, Nutzung des Wellnessbereiches mit Schwimmbad, Sauna, Dampfbad und Fitnessraum.

ÜberFluss
Langenstraße 72/Schlachte | 28195 Bremen
☎ 0421/32 28 60 | www.hotel-ueberfluss.com
Bus & Bahn: Am Brill (diverse)

Maritim Hotel Bremen

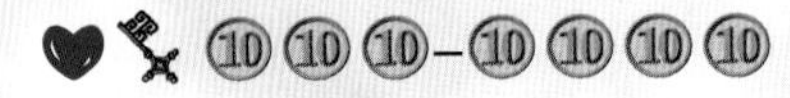

Das Maritim Hotel liegt unweit des Bahnhofs und der Messehallen direkt am grünen Bürgerpark. Die Zimmerauswahl – vom Standard bis zur Präsidentensuite –, zwei Restaurants, die Binnen Bremer Bar (☞ S. 141) und der großzügige Wellness- und Fitnessbereich lassen kaum Wünsche offen. Frühstück kann im Restaurant Brasserie eingenommen werden (nicht im Zimmerpreis enthalten).

Maritim Hotel Bremen
Hollerallee 99 | 28215 Bremen
Telefon: 0421/3 78 90 | www.maritim.de
Bus & Bahn: Findorffallee (Linie 26/27), Messezentrum (Linie 26/27)

Atlantic Hotel Sail City ♥ (10) (10) (10)

In der Nähe des Auswandererhauses und des Zoos am Meer in Bremerhaven liegt im Alten/Neuen Hafen das topmoderne Atlantic Hotel. In der Form eines Segels ragt das Hotel weithin sichtbar in den Himmel, und von den Zimmern bietet sich ein toller Blick über die Außenweser. Wer gern auf Wolke Sieben schweben möchte, kann diesem Ziel auf der Aussichtsplattform in der 20. Etage des Hotels näher kommen ...
Auch hier gibt es ein besonderes Angebot für Liebespaare: »Romantisch entspannen zu zweit« heißt das Arrangement. Es enthält eine Übernachtung im Deluxe-Doppelzimmer mit Blick auf die Weser, Frühstücksbuffet, Vier-Gang-Candle-Light-Dinner, Sekt auf dem Zimmer und freie Nutzung der Panorama-Sauna.

Atlantic Hotel Sail City | Am Strom 1 | 27568 Bremerhaven
☎ 0471/30 99 00 | www.atlantic-hotels.de
Bus & Bahn: Deutsches Schiffahrtsmuseum (Linie 501)

Haus im Schluh und Haus Tulipan im Schluh

♥♥♥ ⑩⑩

Diese urige und stimmungsvolle Pension ist ein echter Geheimtipp in der Region. Die kleine Pension im Haus im Schluh, in dem

auch die Kunstsammlung von Heinrich Vogeler untergebracht ist, und die von Daniela Platz, der Urenekelin von Martha und Heinrich Vogeler, geführt wird, verfügt über acht gemütliche Zimmer. In den Zimmern selbst findet ihr eine »historische« Waschgelegenheit mit Waschschüssel und Kanne. Es gibt weder Telefon noch Fernsehgeräte, und die Sanitäreinrichtungen sind auf dem Flur. Die Zimmer sind mit den Originalmöbeln eingerichtet, die Heinrich Vogeler und sein Schwiegersohn Walter Müller entworfen haben. Und so kann man etwa im Tulpenzimmer, im Rosenzimmer oder im Blauen Zimmer nächtigen. Das im Preis inbegriffene Frühstück wird übrigens mitten im Museum eingenommen! Ein Paar, das dort seine Hochzeitsnacht verbracht hat, schwärmt noch heute von der freundlichen Gastgeberin und dem Gefühl, in ein anderes Jahrhundert zurückversetzt zu sein!
Seit 2002 steht außerdem das Haus Tulipan in der alten Weberei mit vier Gästezimmern zur Verfügung. Die wunderschönen Bleifenster im Foyer stammen ursprünglich vom Barkenhoff.

Hier gehören dann auch Duschbad, TV und Telefon zur Ausstattung der Zimmer, die wieder mit viel Liebe zum Detail und besonderen Möbeln ausgestattet sind.
Die Suite verfügt übrigens über ein Himmelbett …

Pension im Haus im Schluh | Im Schluh 37 | 27726 Worpswede
☎ 04792/95 00 61 | www.haus-im-schluh.de
Haus Tulipan im Schluh | Im Schluh 37a | 27726 Worpswede
☎ 04792/95 02 98

Hotel Strandlust Vegesack ❤❤ ⑩⑩⑩

Das Hotel Strandlust der Familie Thiekötter bietet Paaren eine ganze Menge: Zimmer und Juniorsuiten mit Weserblick, ein gutes Restaurant und einen lauschigen Biergarten. Die beiden Cocktailbars sind ebenfalls einen Besuch wert. Die Zimmerpreise beinhalten ein reichhaltiges Frühstücksbuffet.
Ein besonderes Arrangement: »Ein Wochenende am Fluss«. Das Wochenendangebot besteht aus zwei Übernachtungen im Doppelzimmer mit Weserblick und Frühstücksbuffet am nächsten Tag, einem Drei-Gang-Candlelight-Dinner sowie einem Begrüßungsgeschenk.
Für die Sportler bietet das Hotel auch ein »Fahrrad-Wochenende« an, das neben zwei Übernachtungen im Doppelzimmer mit Weserblick, Frühstücksbuffet, Begrüßungsgeschenk und Drei-Gang-Candlelight-Dinner auch alles für eine nette Fahrradtour bereithält: Fahrradnutzung für einen Tag, Kartenmaterial für die Fahrradtour und einen gefüllten Picknickkorb.

Hotel Strandlust Vegesack | Rohrstr. 11 | 28757 Bremen
☎ 0421/6 60 90 | www.strandlust.de
Bus & Bahn: mit der Regionalbahn zum Bahnhof Vegesack

Wollt ihr mal so richtig die Seele baumeln lassen?
Ein Saunagang oder eine Massage, und ihr fühlt euch wie neu! Im orientalisch anmutenden Badehaus oder in der urigen Landsauna könnt ihr dem norddeutschen Klima und dem hektischen Alltag entfliehen. Wer mag, gönnt sich sogar einen Massagekurs für zwei. Die Massagetechniken, die ihr hier erlernt, könnt ihr dann mit nach Hause nehmen und dort in weiteren romantischen Entspannungsstunden anwenden ...

★ Das Badehaus ♥♥♥

Ein herrliches Refugium mitten in der Innenstadt! Betritt man das Badehaus, fallen Stress und Hektik von einem ab und man fühlt sich sofort wohl. Im Empfangsbereich heißen euch die freundlichen Mitarbeiterinnen willkommen und bieten neben Wellnessprodukten aus dem Shop auch anregende Gewürztees und leichte Speisen in einem gemütlichen Sitzbereich an. Durch duftige Gänge geht es ins Hamam, in den Sauna- und Ruhebereich, wo man Stunden verbringen kann. Im Außenbereich sitzt zufrieden ein Buddha, der über die Ruheliegen wacht. Paare sind hier herzlich willkommen, werden aber freundlich darauf aufmerksam gemacht, sich beim Austausch von Zärtlichkeiten zurückhaltend zu verhalten.
Tipp: Wer es einrichten kann, sollte an Wochentagen möglichst tagsüber ins Badehaus gehen, dann sind wenige Besucher da und man hat viel Platz!

Besondere Angebote für alle Liebenden und solche, die es werden wollen: »Romeo und Julia«: Massagezeremonie mit den Düften der Liebe für zwei Personen. Je eine Aroma-Wellnessmassage und eine Rosenwasserwaschung, 105 Euro; »Zeit für Zärtlichkeit«: Paarmassagekurs, ca. 85 Min., 95 Euro

Das Badehaus | Bahnhofstraße 12 | 28195 Bremen
☎ 0421/460 18 69 | www.badehaus-bremen.de
Öffnungszeiten: Mo (Frauentag): 10–22.30 Uhr, Di–Sa: 10–22.30 Uhr, So 12–20 Uhr, Tagesticket für Hamam und Sauna: 14,50 Euro, Vormittagsticket: Mo–Fr 10–14 Uhr 12 Euro
Bus & Bahn: Hauptbahnhof (diverse), Herdentor (diverse)

OASE im Weserpark ♥♥

Das größte Saunaparadies in Bremen ist die Sauna-Oase. Angrenzend an das Shopping-Mall-Areal des Weserparks befindet sich seit 1999 eine imposante Saunalandschaft mit 12 verschiedenen Saunen und Dampfbädern zwischen 40° und 110° C. Die Saunen liegen im Innenbereich der hohen Glaskuppel oder im Außenbereich und werden mit bis zu

30 aromatischen Aufgüssen am Tag zum echten Wellness-Erlebnis. Hier könnt ihr außerdem im Innen- und Außenpool und in den Hot-Whirlpools plantschen, eine der vielseitigen Massagen (von der orientalischen Waschung bis zur Hawaiianischen Massage) in Anspruch nehmen oder im angeschlossenen Restaurant eine Mahlzeit zu euch nehmen. Wer will, kann seinen Körper auch im Großraumfitnesspark stählen.
Ein besonderes Angebot ist z. B. der Gutschein »Zeit der Gefühle«: Er beinhaltet einen Tageseintritt, Frühstück oder Salat vom Büfett, Quark mit Früchten, Ganzkörper-Salzpeeling mit Honigpackung und ayurvedische Ganzkörpermassage für 102 Euro pro Person.

OASE im Weserpark | Hans-Bredow-Straße 17 | 28307 Bremen
☎ 0421/427 47 14 17 | www.oase-weserpark.de
Tageskarte: Mo–Fr 19 Euro, Sa & So 21 Euro
Morgen-Tarif (Mo–Fr 10–14 Uhr) und Abend-Tarif (Mo–Do 19 Uhr bis Ende): 16 Euro, Abend-Tarif Wochenende (Fr & Sa & Feiertage ab 20 Uhr, So ab 18 Uhr): 17 Euro
Bus & Bahn: Weserpark (Linie 25/38/40/41)

Landsauna Lilienthal ♥♥

Vor den Toren Bremens in Lilienthal befindet sich die gemütliche Landsauna, in der ein Dampfbad und sechs Innen- und Außensaunen zum Schwitzen einladen. Nach dem Saunagang könnt ihr es euch am Kamin gemütlich machen oder im angeschlossenen Restaurant (mit teilweise recht deftigen Gerichten) eine Stärkung zu euch nehmen. Die Klientel besteht meist aus fitten Rentnern und befreundeten Elternpaaren, die sich eine Auszeit von Job und Familie gönnen. Insgesamt eine sehr angenehme, entspannte Atmosphäre.

Landsauna Lilienthal | Goebelstraße 75 | 28865 Lilienthal
☎ 04298/32 31 | www.landsauna.de
Öffnungszeiten: Mo & Di 13–22.30 Uhr, Mi 11–22.30 Uhr, Do 10–17 Uhr Damensauna, 17–22.30 Uhr, Fr & Sa 11–22.30 Uhr (Mai–Sep: Sa 11–20 Uhr), So 11–21 Uhr | Tageskarte 16 Euro | Anfahrt am besten mit dem Auto

Die Sauna im Viertel ♥♥

Eine gemütliche, esoterisch angehauchte, sehr kleine Sauna liegt in der Straße Außer der Schleifmühle in der Innenstadt. Hier trifft sich die anthroposophische Szene – und man kennt sich. Wer Klangschalen und frischen Tee, bunte Tücher und leichte Meditationsmusik mag, ist in der Sauna von Rita Heinze genau richtig.

Die Sauna im Viertel | Außer der Schleifmühle 76 | 28203 Bremen
☎ 0421/840 85 66 | www.diesaunaimviertel.de
Bus & Bahn: Am Dobben (Linie 1/4/5/10)
Öffnungszeiten: Okt–Apr: Di 16–22 Uhr Frauentag, Do 18–23 Uhr, Fr 16–22 Uhr, So 15–21 Uhr; Mai, Jun & Sep: Di 16–22 Uhr Frauentag, Fr 16–22 Uhr, Tageskarte 12 Euro, ermäßigt 10 Euro

Bremer Bäder

Weitere Saunen sind an verschiedene Bremer Bäder in unterschiedlichen Stadtteilen angeschlossen. Hier gibt es von Oktober bis April einmal im Monat Erlebnissaunaangebote, die ihr der aktuellen Tagespresse oder den Websites entnehmen könnt. Auch »AquaWellness bei Kerzenschein« ist im Frühjahr und Herbst in unterschiedlichen Bädern möglich – und wann und wo ihr sogar FKK-Schwimmen erleben könnt, steht unter: www.bremer-baeder.de

Ja, ich will!

Heiraten in Bremen und umzu

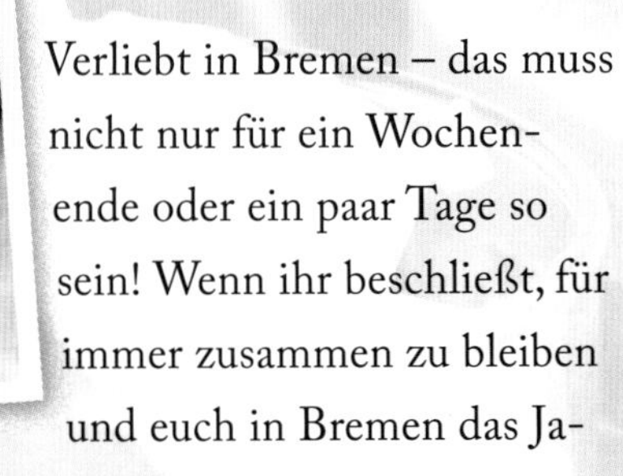

Verliebt in Bremen – das muss nicht nur für ein Wochenende oder ein paar Tage so sein! Wenn ihr beschließt, für immer zusammen zu bleiben und euch in Bremen das Ja-Wort geben wollt, gibt es in der Stadt und umzu einige wunderschöne Orte für eine unvergessliche Hochzeit. Vor der Trauung kommt normalerweise zuerst der Heiratsantrag. Und wer für die romantische Frage aller Fragen nicht bis nach Venedig oder Paris fahren will, wird auf der Suche nach einem geeigneten Plätzchen mit Sicherheit auch an der Weser fündig.

Junge Männer, die die Domtreppen fegen und Frauen, die Klinken putzen, gehören übrigens zu denen, die sich bis zu ihrem 30. Geburtstag noch nicht getraut haben ...

Preiskategorien:

(10) erschwinglich

(10) (10) wertvoll

(10) (10) (10) eine besondere Investition

Der Heiratsantrag

Wo kann man in Bremen der oder dem Liebsten sein Herz und die Stadt zu Füßen legen? Das kann in luftiger Höhe passieren: etwa auf dem Riesenrad während des Bremer Freimarkts oder hoch über den Dächern der Stadt auf dem Domturm. Das kann auch ganz spektakulär geschehen: etwa während eines Werderspiels auf der Anzeigetafel im Weserstadion. Oder einfach ganz leise: auf der Teerhofbrücke bei Sonnenuntergang, in der Liebeslaube im Bürgerpark oder zu Füßen der alten Windmühle in den sommerlichen Wallanlagen.

Osterwiese und Freimarkt ⑩

Auf den Herbst freut sich Bremen und das Umland, denn im Oktober bricht die fünfte Jahreszeit in Bremen an: Auf der Bürgerweide findet für zwei Wochen der Freimarkt statt. Mit dem Ruf »Ischa Freimaak!« (Es ist ja Freimarkt!) lockt der große Jahrmarkt mit schwindelerregenden Fahrgeschäften, Zuckerwatte und Festzelt. Die ganze Stadt ist in einer Art Ausnahmezustand – und sogar der Roland auf dem Marktplatz bekommt ein Lebkuchenherz um den Hals gehängt!
Ob Liebesschwüre im Riesenrad, Herzklopfen in der Geisterbahn, Rosen schießen oder verführerische Liebesäpfel: Der Bremische Freimarkt – und das Pendant im Frühjahr, die Osterwiese – bieten für Jahrmarktliebhaber eine ganze Menge!

Freimarkt auf der Bürgerweide | www.freimarkt.de
Osterwiese auf der Bürgerweide | www.osterwiese.com
Haltestelle: Hauptbahnhof (diverse)

Turm des St. Petri Doms

Der südliche Turm kann bestiegen werden und bietet einen tollen Blick über Bremen (☞ S. 209).

www.stpetridom.de
Öffnungszeiten: Mo–Fr 10–16.30 Uhr, Sa 10–13 Uhr, So 14–16.30 Uhr

Anzeigentafel im Weserstadion ⑩

Für echte Werder-Fans vermutlich das Größte: Grüße und Anträge auf der Anzeigentafel im Stadion! Grüße können aufgegeben werden unter: info@werder.de

Die Ringe

Natürlich bieten die Bremer Juweliere ein umfangreiches Sortiment an klassischen Trauringen an. Aber auch, wenn Euch der Sinn nach ganz individuellen Ringen steht, gibt es hier die richtigen Adressen für euch.

Antje Obreiter ⑩⑩⑩

Die freundliche und fröhliche Goldschmiedin Antje Obreiter entwirft mit euch Ringe, die genau zu euch beiden passen. Ein Blick in ihr Gästebuch zeigt viele glückliche Paare mit wunderbaren, ausgefallenen Trauringen.

Antje Obreiter | Marterburg 55 | Im Schnoor | 28195 Bremen
☎ 0421/221 79 62 oder 24 40 08 10
Öffnungszeiten: Di–Fr 11–19 Uhr, Sa 11–17 Uhr & nach Vereinbarung
Bus & Bahn: Domsheide (diverse)

Goldschmiede Sonnenschein/Krützkamp ⑩⑩⑩

Auf den Häfen 90 | 28203 Bremen
☎ 0421/70 00 98 | www.goldschmiede-bremen.de
Öffnungszeiten: Mo–Fr 10–18 Uhr, Sa 10–13 Uhr
Bus & Bahn: Humboldtstraße (Linie 10)

Dorte Peymann ⑩⑩⑩

Ostertorsteinweg 60 | 28203 Bremen
☎ 0421/334 97 90 | www.peymann.de
Öffnungszeiten: Mo–Fr 11–19 Uhr, Sa 11–16 Uhr
Bus & Bahn: Wulwesstraße/Ulrichsplatz (Linie 2/3)

Schmuck und Design ⑩–⑩⑩

Hier könnt ihr nicht nur Eheringe aus der eigenen Goldschmiede, nach euren Vorstellungen individuell gestaltbar, sondern auch ganz besondere »Antragsringe« erstehen. Diese zeigen in durchsichtigem Kunstharz zwei Figuren: Der Mann kniet vor seiner Angebeteten und traut sich gerade zu fragen. Wer diesen Moment hervorheben will, der schmückt seine(n) Liebste(n) mit diesem Ring!

Schmuck und Design | H. Kaufmann, J. Gorzawski
Ostertorsteinweg 18 | 28203 Bremen | ☎ 0421/70 07 78
Öffnungszeiten: Mo–Fr 11–14 Uhr, 15–18.30 Uhr, Sa 11–16 Uhr
Bus & Bahn: Wulwesstraße/Ulrichsplatz (Linie 2/3)

Brautkleid und Anzug kann man mittlerweile fast überall kaufen, jedes große Kaufhaus hält eine Auswahl oder gar eine kleine Abteilung an Brautmoden bereit. Doch in Bremen gibt es ein paar besondere Boutiquen, die eine eher individuelle Auswahl an Brautmoden bereithalten.

Ilse Moden ⑩⑩⑩

Neben Abendkleidern und Tagesmode findet sich im ersten Stock die Abteilung für Brautmoden – vom Strumpfband bis zum Schleier könnt ihr hier auch sämtliche Accessoires erstehen. Das kompetente Personal mit dem besonderen Blick findet garantiert das Passende für euch (auch Hochschwangere finden hier unter freundlicher Anleitung das richtige Kleid).

Ilse Moden | Ostertorsteinweg 45–46 | 28203 Bremen
☎ 0421/32 33 10 | www.ilse-moden.de
Öffnungszeiten: Mo–Fr 10–19 Uhr, Sa 10–16 Uhr
Bus & Bahn: Theater am Goetheplatz (Linie 2/3)

Lilly Brautkleider

Unweit der Domsheide befindet sich dieser »Outlet-Store« für Brautkleider. Hier findet ihr zu ungewöhnlich günstigen Preisen Brautkleider in schlichten bis aufwendigen Ausführungen und die obligatorischen Accessoires dazu. Die Beratung lässt leider manchmal etwas zu wünschen übrig: Schwangere müssen hier schon mal mit einer despektierlichen Bemerkung rechnen ...

Lilly Brautkleider – Outlet Store | Tiefer 15 | 28195 Bremen
☎ 0421/32 42 14 | Bus & Bahn: Domsheide (diverse)

Mode aus Berlin

Der Name suggeriert die große weite Modewelt aus der Hauptstadt – tatsächlich finden sich in diesem Traditionsgeschäft über zwei Etagen Hochzeits- und Ballkleider. In der oberen Etage befindet sich eine kleine Auswahl an Brautkleidern. Leider haben wir auch hier eine eher abschätzige Beratung bekommen. Frau muss hier schon genau wissen, was sie tragen will und mutig dabei bleiben!

Mode aus Berlin | Ostertorsteinweg 60 | 28203 Bremen
☎ 0421/32 40 35 | Bus & Bahn: Theater am Goetheplatz (Linie 2/3)

Korsett Friedel

Dieses Fachgeschäft lässt insbesondere in Sachen Brautdessous kaum Wünsche offen.

Fachkundig und freundlich werdet ihr in diesem winzigen, aber traditionsreichen Laden beraten. Und wenn's mal ganz eilig ist, gibt es hier auch einen kurzfristigen Änderungsservice.

Korsett Friedel | Ostertorsteinweg 73 | 28203 Bremen
☎ 0421/762 35 | www.korsett-friedel.de
Öffnungszeiten: Mo–Fr 10–18.30 Uhr, Sa 10–16 Uhr
Bus & Bahn: Wulwesstraße/Ulrichsplatz (Linie 2/3)

Standesamtliche Trauung

Standesamtliche Trauungen finden in Bremen hauptsächlich in zwei Standesämtern statt.
Das beliebte Standesamt Bremen-Mitte liegt direkt am Bürgerpark an der Hollerallee in einer alten Kaufmannsvilla aus dem Kaiserreich. Das zweite Standesamt liegt in Bremen-Nord – dort geht es etwas ruhiger zu. Außerdem könnt ihr natürlich auch in Bremerhaven heiraten – vielleicht im originellen Ambiente bei Natusch? Auf der Website der Stadt (www.bremen.de) könnt ihr das Aufgebot übrigens auch online bestellen.

Standesamt Bremen-Mitte  ⑩

Das Standesamt Bremen-Mitte, das in einer wunderschönen alten Villa von 1901 direkt am Bürgerpark gelegen ist, lässt die Herzen nicht nur wegen der anstehenden Trau-

ung höher schlagen. Auch wenn hier die Trauungen oftmals (und besonders in den Sommermonaten) dicht aufeinander folgen und die Hochzeitsgesellschaften in den Vorräumen manchmal regelrecht durcheinandergeraten, so ist eine Trauung in diesem repräsentativen Gebäude eine sehr schöne Angelegenheit. Die Trauzimmer sind unterschiedlich groß und fassen etwa zwischen 30 und 50 Gästen. Fragt bei Bedarf nach kleinerem oder größerem Rahmen einfach nach.
Tipp: Macht doch nach der Trauung noch einen gemeinsamen Spaziergang durch den Bürgerpark und nutzt die wunderschöne grüne Kulisse für romantische Fotos!

Standesamt Bremen-Mitte | Hollerallee 79 | 28209 Bremen
☎ 0421/361 63 54 oder 55
Terminvormerkungen auch per Mail an ehe@bremen.de

◇◇

Standesamt Bremen-Nord ♥ ⑩

Nicht ganz so pompös wie das Standesamt in der Innenstadt, aber trotzdem sehr schön kommt das Gebäude des Standesamtes Bremen-Nord daher. Alter norddeutscher Backstein und helle Säulen schmücken die Außenfassade, und man hat einen wunderschönen Blick vom Garten aus auf die Weser. Etwa 30 Gäste (8 Sitzplätze) können hier bei der Vermählung dabei sein.

Standesamt Bremen-Nord | Weserstraße 75 | 28757 Bremen
☎ 0421/361 70 77

◇◇

Standesamt Bremerhaven ♥ ⑩

Das Standesamt Bremerhaven ist in einer wunderschönen alten Villa untergebracht. Auf dem Hof nach hinten raus ist es ein wenig ruhiger.

Standesamt Bremerhaven
Hafenstraße 14 (Eingang Wilhelm-Busch-Straße) | 27576 Bremerhaven
☎ 0471/590 24 75 oder 22 99
Die Anmeldung der Eheschließung/Lebenspartnerschaft
erfolgt nur nach Terminabsprache.

Auf dem Schulschiff ♥♥♥ ⑩⑩⑩

Für Anhänger maritimer Romantik ist eine Hochzeit auf dem Schulschiff Deutschland in Vegesack sicher das Richtige. Einen Termin bekommt man über das Standesamt Bremen-Nord. Zwar wird man hier nicht von einem echten Kapitän getraut, sondern vom Standesbeamten, aber nach der Zeremonie in ganz kleinem Kreise (der Kapitänssalon, in dem ihr getraut werdet, ist sehr klein) und anschließender Feier auch in größerer Gesellschaft kann das Brautpaar auf Wunsch sogar in der Kapitänssuite nächtigen. Die Gäste können in Zwei-Bett-Kajüten auf dem Schiff untergebracht werden. Auch kirchliche Trauungen sind auf dem schmucken Dreimaster möglich!

Termin: Standesamt Bremen-Nord (☞ S. 205)
Reservierungen und Buchungen zur Übernachtung an Bord:
☎ 0421/658 73 73 | www.schulschiff-deutschland.de

Bremer Rathaus

Wer es traditionsbewusst mag und lieber festen Boden unter den Füßen hat, kann sich (nur freitags) im wunderschönen Gobelinzimmer des Bremer Rathauses mitten im Herzen der Stadt trauen lassen. Etwa 15 bis 30 (Steh-)Gäste haben in diesem schmucken Zimmer Platz. Anschließend gibt es für das Brautpaar und seine Gäste einen Sektempfang im angrenzenden geräumigen Kaminsaal.

Senatskanzlei – Rathaus | Am Markt 21 | 28195 Bremen
☎ 0421/361 62 04

Meta-Rödiger-Hochtiedshuus

Seit April 2001 finden auch im Meta-Rödiger-Hochtiedshuus standesamtliche Trauungen statt. Das hübsche Fachwerkhaus befindet sich mitten in der Parkanlage um den Lür-Kropp-Hof in Bremen-Oberneuland. Rustikales Brauchtum wird hier groß geschrieben: Nach dem Ja-Wort gibt es zunächst die offizielle Unterschrift und dann – zur Besiegelung des Ehevertrags – einen Schnaps aus einem alten Löffel. In dem hellen, hohen Raum gibt es für etwa 30 Personen Sitzplätze, weitere 30 bis 40 Leute finden stehend Platz, sodass ihr nach Lust und

Laune in kleiner oder ganz großer Runde heiraten könnt. Im Anschluss gibt es die Möglichkeit für einen Sektempfang im Trauraum oder bei gutem Wetter auf der Terrasse im Grünen. Im Bauernhaus des Lür-Kropp-Hofs könnt ihr übrigens auch eure Feier ausrichten (☞ S. 221).
Tipp: Das Team bietet auch eine Live-Übertragung im Internet an, sodass Freunde und Verwandte die Trauung live im Netz verfolgen können!

Lür-Kropp-Service GmbH | Rockwinkeler Landstr. 5 | 28355 Bremen
☎ 0421/67 12 58
Bus & Bahn: Linie 2 bis Sebaldsbrück, dann Bus 34 bis Am Heiddamm
mit dem Auto: A27 bis Ausfahrt Bremen-Vahr (Richtung Oberneuland) dann rechts Richtung Oberneuland in die Franz-Schütte-Allee abbiegen, nach etwa 1,5 km wieder rechts in die Rockwinkeler Landstraße abbiegen

Kirchliche Trauung

Wer für die kirchliche Trauung einen besonderen Rahmen sucht, wird in Bremen und Umgebung in jedem Fall fündig werden. Für Freunde von historischem Ambiente und einem größeren Rahmen steht Bremens »gute Stube« im imposanten St. Petri Dom für den Ringtausch zur Verfügung. Aber auch einige kleinere Kirchen haben einen ganz besonderen Charme, wie z. B. die Oberneuländer Kirche St. Johann oder die Dorfkirche im beschaulichen Wasserhorst im Blockland.

St. Petri Domgemeinde

♥♥♥

Die Domgemeinde bietet die Möglichkeit, sich im stilvollen Rahmen im Dom trauen zu lassen. Die Trauungen finden in der Regel auf dem Hochaltar statt, wo etwa 150 bis 200 Gäste mit euch den Traugottesdienst feiern können. Nach dem Ja-Wort verlässt das frisch vermählte Paar den Dom durch das Brauttor an der Nordseite. Voraussetzung für die Heirat im Dom ist, dass einer von euch Gemeindemitglied ist. In der Regel finden die Eheschließungen freitags und samstags ab 14 Uhr statt.
Für Terminabsprachen für Trauung und Traugespräch wendet ihr euch direkt an die Pastoren: Pastorin Flügger, Pastor Flügger, Pastor Ulrich, Pastorin Witte und Pastor Gotzen.

Domkanzlei | Sandstraße 10–12 | 28195 Bremen
☎ 0421/36 50 4-0 | www.stpetridom.de | Bus & Bahn: Domsheide (diverse)

St. Johann zu Oberneuland ♥♥

Das Kirchenschiff dieser schönen neugotischen Backsteinkirche ist hell und freundlich, doch die besondere Atmosphäre prägt vor allem Pastor Klingler, der dem Hochzeitspaar mit viel Herz persönliche und berührende Worte auf den Eheweg mitgibt.

St. Johann zu Oberneuland | Hohenkampsweg 6 | 28355 Bremen

☎ 0421/20 58 10 | www.kirche-oberneuland.de

Bus & Bahn: Mühlenfeldstraße (Linie 33/34)

Kirchengemeinde Wasserhorst ♥

Wo Hamme und Wümme im Blockland zusammenfließen, liegt das alte Kirchdorf Wasserhorst. Hier steht eine sorgfältig restaurierte, schlichte kleine Backsteinkirche aus dem 12. Jahrhundert, die Nostalgiker-Herzen höher schlagen lässt. Direkt hinter der Kirche, hinter Bäumen und Büschen ein wenig versteckt, fließt die Wümme dahin. Wer sich von euch eine ländliche Trauung wünscht, der findet hier sein Glück!

Gemeindebüro | Wasserhorst 12 B | 28719 Bremen

☎ 0421/644 01 81 | www.blockland.de

Anreise: mit dem Auto A 27 Richtung Bremen-Nord/Cuxhaven/Bremerhaven, dann Abfahrt Bremen-Industriehäfen Richtung Osterholz-Scharmbeck/Worpswede, der Ritterhuder Heerstraße folgen, links in die Straße Wasserhorst einbiegen, bis zur Kirche durchfahren und diese links umrunden.

St. Jürgens Kirche in Lilienthal ♥♥

Diese spätromanische weiße Dorfkirche liegt auf einer Warft mitten im Grünen – etwas außerhalb im Lilienthaler Stadtteil St. Jürgen. Im Norden vor den Toren Bremens könnt ihr euch hier in einer sehr romantischen Kirche in intimer Atmosphäre trauen lassen.

St. Jürgens Kirche

Kirchweg/St. Jürgen 1

28865 Lilienthal-St. Jürgen

☎ 04298/ 3 02 49 | www.lilienthal.de

Anreise: mit dem Auto nach Lilienthal, an der Gabelung der Hauptstraße links halten in die Moorhauser Landstraße, dann links halten in die Klostermoorer Straße, dieser Straße einige Zeit folgen bis an eine Kreuzung, an der rechts eine große Straße nach Moorhausen führt, an dieser Kreuzung links in den kleinen Kirchweg einbiegen, dann an der ersten Straße rechts in die Straße St. Jürgen einbiegen.

Katholische Kirchen

Propsteikirche St. Johann am Schnoor ♥♥

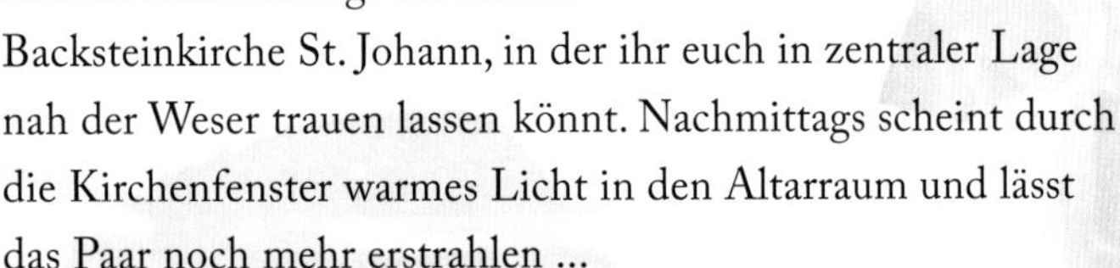

Am Rande des pittoresken Schnoor-Viertels in der Bremer Altstadt liegt die schöne Backsteinkirche St. Johann, in der ihr euch in zentraler Lage nah der Weser trauen lassen könnt. Nachmittags scheint durch die Kirchenfenster warmes Licht in den Altarraum und lässt das Paar noch mehr erstrahlen ...

Tipp: Mit der Hochzeitsgesellschaft an die Weser gehen und dort vor maritimer Kulisse Hochzeitsfotos machen oder einen privat organisierten Sektempfang genießen!

Propsteikirche St. Johann | Hohe Str. 2 | 28195 Bremen

☎ 04 21/3 69 41 15 | www.propstei-bremen.de

Bus & Bahn: Domsheide (diverse)

St. Godehard in Hemelingen

In dieser schönen Backsteinkirche im Stadtteil Hemelingen kann »ganz in weiß« geheiratet werden: Dann strahlt die Braut mit den weiß-getünchten Wänden und den Backsteineinfassungen im Kirchenschiff um die Wette.

St. Godehard | Godehardstraße 25 | 28309 Bremen

☎ 0421/45 19 38

Bus & Bahn: Hemelinger Bahnhofstraße (Linie 40/41)

Windmühle Habbrügge »De lütje Anja« ♥♥♥ ⑩⑩

»Wo früher gemahlen wurde, wird heute vermählt.« Dies ist das Motto der Familie Westphal, die es mit viel Liebe möglich machte, dass aus einer alten Windmühle in Ganderkesee ein Ort zum Heiraten wurde. Im »Steinboden«, im ersten Stock der Mühle, könnt ihr euch vor etwa 25 Gästen (16 Sitzplätze) das Ja-Wort geben. Im Anschluss gibt es in der Mühlenstube noch einen Sektempfang, und auf Wunsch kutschiert der Hausherr das Paar im Oldtimer. Besichtigungen sind nach Absprache möglich. Anmeldungen für die Trauung laufen über das Standesamt Ganderkesee.

Windmühle »De lütje Anja«
Am Ohlande 5 | 27777 Ganderkesee-Habbrügge
☎ 04222/63 47 | www.windmuehle-habbruegge.de
Standesamt Ganderkesee: ☎ 04222/44 329
Anreise: Autobahn A28 Oldenburg-Delmenhorst, Abfahrt Hude, weiter Richtung Falkenburg, in Falkenburg an der einzigen Fußgängerampel rechts fahren Richtung Windmühle (braunes Hinweisschild), nach ca. 600 m Richtung Bergedorf abbiegen auf die Straße Auf dem Ohlande, nach 300 m seht ihr die Windmühle auf der rechten Seite.

Burg Bederkesa ♥♥♥ ⑩⑩

Etwa 25 km nordöstlich von Bremerhaven findet ihr einen ganz besonderen Hochzeitsort: die Burg Bederkesa. Dort könnt ihr euch wie echte Burgherren und Burgfräuleins fühlen und stilecht im Gewölbekeller der Burg oder im Kaminzimmer

heiraten. Der historische Gewölbekeller bietet Platz für bis zu 40 Personen, in das Kaminzimmer passen etwa 15 Gäste.

Standesamt Bad Bederkesa | Am Markt 8 | 27624 Bad Bederkesa
☎ 04745/94 40 36

Im Keller der Burg könnt ihr auch die Hochzeitsfeier von der Burgschänke ausrichten lassen.

Burgschänke | Amtsstraße 15 | 27624 Bad Bederkesa
☎ 04745/78 17 00 | www.burgschaenke-bederkesa.de
Anreise: A 27 Richtung Cuxhaven/Bremerhaven bis Abfahrt Debstedt, Ausschilderung nach Bad Bederkesa folgen (etwa 15 km)

◇◇◇

Eisenbahnromantik – Heiraten unter Dampf ♥♥♥ ⑩⑩⑩⑩

Nicht nur für Modelleisenbahner ein echtes Highlight: In einem historischen Sonder-Dampfzug könnt ihr mit der gesamten Hochzeitsgesellschaft gemeinsam anreisen und die erste »Hochzeitsreise« genießen. Der Zug fährt vom Bahnhof Bruchhausen-Vilsen, etwa 40 km südlich von Bremen, zur Station Vilsen, wo ihr vom Bahnhofsvorsteher in Gala-Uniform begrüßt werdet. Im stehenden Zug werdet ihr dann im Salonwagen getraut. Anschließend geht es unter Volldampf nach Asendorf und zurück. Zwischen Mai und Oktober sind die Trauungen in Abstimmung mit dem Standesamt Bruchhausen-Vilsen jederzeit möglich, außerhalb der Saison sind wegen eventueller Streckenarbeiten genauere Absprachen notwendig.

TourismusService Bruchhausen-Vilsen
Bahnhof 2 | 27305 Bruchhausen-Vilsen
☎ 04252/93 00 54
www.museumseisenbahn.de oder www.bruchhausen-vilsen.de
Bus & Bahn: Bruchhausen-Vilsen, Bahnhof (Linie 150/153)

◇◇◇

Verdener Domherrenhaus ♥♥ ⑩⑩

Im Domherrenhaus, dem historischen Museum in Verden, können Brautpaare standesamtlich heiraten. In einem typischen Wohnzimmer aus dem frühen 20. Jahrhundert, dem »Beckmann-Zimmer«, das auch zum normalen Rundgang durch die historischen Sammlungen des Museums gehört, werdet ihr getraut. Dort finden neben dem Brautpaar etwa 15 bis 20 Personen Platz. Soll es nach der standesamtlichen Trauung einen Empfang geben, werden vom Museum weitere Räume dafür bereitgehalten. Die Trauung wird vom Standesamt Verden durchgeführt.

Historisches Museum – »Domherrenhaus«
Untere Straße 13 | 27283 Verden
☎ 04231/21 69 | www.domherrenhaus.de
Standesamt Verden | ☎ 04231/12 26 3

Standesamt Worpswede ♥♥♥ ⑩

Das Standesamt Worpswede befindet sich in einem reetgedeckten ehemaligen Bauernhaus mitten im alten Ortskern an der Bauernreihe. In dem hellen und freundlichen Trauzimmer, dessen Mobiliar nach Entwürfen des Worpsweder Jugendstil-Künstlers Heinrich Vogeler gebaut wurde, finden etwa 20 Personen Platz. Hier geht es etwas gemütlicher zu als in städtischen Standesämtern, und das Brautpaar hat sogar die Möglichkeit, die Trauzeremonie ein bisschen mitzugestalten. Rundum ein sehr persönlicher Trauort in stilvollem, warmem Ambiente.

Rathaus Worpswede | Bauernreihe 1 | 27726 Worpswede
☎ 04792/312 15 | www.gemeinde-worpswede.de

Alter Leuchtturm Oberfeuer Bremerhaven ♥♥♥ ⑩⑩

Dieser alte Backstein-Leuchtturm, das »Bremerhavener Oberfeuer«, bekannter als Simon-Loschen-Turm, ist ein maritim-romantischer Ort für eine Trauung. Im oberen runden Turmteil, darüber liegt nur noch die Laterne im »grünen Häuschen« an der Spitze, könnt ihr euch mit einem herrlichen Blick über die Weser das Ja-Wort geben. Im Simon-Loschen-Turm finden etwa 14 Personen Platz – eine Heirat in kleiner, aber feiner Runde. Dann mal: Ehe ahoi!

Simon-Loschen-Turm | H. H. Meier Straße | 27568 Bremerhaven
Weitere Informationen über Bremenports, ☎ 0471/59 61 31 86

Eine Anmeldung für die Trauung nimmt das Standesamt Bremerhaven entgegen:

Standesamt Bremerhaven | ☎ 0471/590 24 75 oder 22 99

Das Marschenhaus Speckenbüttel

Im Speckenbütteler Park im Norden Bremerhavens liegt das Marschenhaus Speckenbüttel. Dieses wunderschöne, reetgedeckte Fachwerkhaus lässt die Herzen jener höher schlagen, die bäuerlich-romantisches Ambiente lieben. Der Raum für die Trauung ist dabei so groß, dass bis zu 100 Gäste an eurem Glück teilhaben können.
Auch die anschließende Feier könnt ihr hier ausrichten lassen (☞ S. 224).

Marschenhaus Speckenbüttel des Bauernhausvereins Lehe e.V.
Marschenhausweg 2 | 27578 Bremerhaven
☎ 0471/8 50 39 | www.marschenhaus.de

Eine Anmeldung für die Trauung nimmt das Standesamt Bremerhaven entgegen:

Standesamt Bremerhaven | ☎ 0471/590 24 75 oder 22 99

Fischerhaus Brake ♥♥ ⑩⑩

Dieses Fischerhaus aus dem frühen 18. Jahrhundert mit seinen grünen Fachwerkbalken wurde Anfang der 1990er liebevoll restauriert und ist ein uriger Hochzeitsort mit einem schönen Garten dahinter. 50 bis 60 Personen finden hier ihren Sitzplatz, um gemeinsam mit euch die Trauung zu begehen. »Drum wehl ich mir zum Sitz das Lustschloss in den Himmel« – gibt es einen schöneren Balkenspruch für eure Vermählung?
Die Anmeldung findet über das Standesamt Brake statt, die dann die Terminkoordination mit dem Fischerhaus übernehmen.

Kultur im Fischerhaus | Mitteldeichstr. 34 | 26919 Brake
Standesamt im Rathaus Brake | Schrabberdeich 1, Zi. 0.02 | 26919 Brake
☎ 04401/10 22 34

Auf dem Weg zum Standesamt / zur Kirche

Hochzeitsrikscha

Die etwas andere Art, sich kutschieren zu lassen: Happy Rikscha bietet eine geschmückte Hochzeitsrikscha an ☞ S. 85.

Hochzeitskutschen

Oder die Braut bzw. das Hochzeitspaar lässt sich ganz klassisch und romantisch vorfahren: mit einer Hochzeitskutsche! Diese könnt ihr für Bremen z. B. bei Alfred Hedeler (☞ S. 87) oder für Worpswede bei Friedrich Broka (☞ S. 89) mieten.

Meierei

Eine Feier in der Meierei lässt sich toll mit einem Spaziergang durch den Bürgerpark mit der Hochzeitsgesellschaft verbinden. Hier könnt ihr euch in exklusivem Ambiente die ganze Nacht feiern lassen. Die »Kleine Meierei« kann mit bis zu 80 Personen genutzt werden. Außerdem gibt es eine große, überdachte Außenterrasse.

Meierei | Im Bürgerpark | 28209 Bremen
☎ 0421/340 86 19 | www.meierei-bremen.de
Bus & Bahn: Parkallee (Linie 22)

Park Hotel

Wer's richtig edel mag und aus dem schönsten Tag im Leben etwas ganz Besonderes machen will, kann sich auch – unweit des Standesamtes Mitte – im Park Hotel für seine Hochzeitsfeier einmieten. Hier gibt es zahlreiche Säle in verschiedenen Größen.

Park Hotel Bremen
Im Bürgerpark
28209 Bremen
☎ 0421/3 40 80
www.park-hotel-bremen.de
Bus & Bahn:
Bürgerpark (Linie 26/27),
Messezentrum (Linie 26/27)

Haus am Walde ♥♥♥ ⑩⑩–⑩⑩⑩

Wer vom Standesamt Bremen-Mitte aus ein längeres Stück zu Fuß zurücklegen mag (ca. eine halbe Stunde in langen Kleidern und hohen Schuhen bzw. im guten Anzug) oder noch einmal mit dem Hochzeitsautokonvoi am Bürgerpark entlangfahren möchte, der kann sich auch für eine Hochzeitsfeier im Haus am Walde entscheiden. Hier stehen euch Gasträume für eine Gesellschaft zwischen 70 und 120 Personen sowie für bis zu 150 Personen und mehr zur Verfügung. Es besteht auch die Möglichkeit, einen Teil der Terrasse für ein Grillbuffet zu nutzen.

Haus am Walde | Kuhgrabenweg 2 | 28359 Bremen
☎ 0421/21 27 65 | www.hausamwalde-bremen.de
Bus & Bahn: Kulenkampfallee (Linie 8), Parkallee (Linie 630/670)

Hotel Munte am Stadtwald

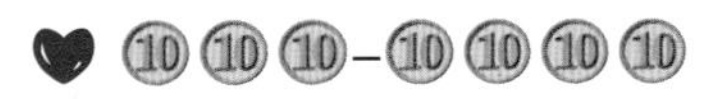

Sehr schön am Stadtwald gelegen ist das Hotel Munte. Hier gibt es diverse Pauschalangebote für Hochzeitsmenüs und -feierlichkeiten und es stehen verschiedene Säle zur Auswahl. *Tipp:* Wenn ihr hier nach der Feier eure Hochzeitsnacht verbringt, zahlt ihr für die Übernachtung und das Frühstück nichts!

Hotel Munte am Stadtwald | Parkallee 299 | 28213 Bremen
☎ 0421/2 20 20 | www.hotel-munte.de
Bus & Bahn: Munte (Linie 22/630/670)

Lür-Kropp-Hof

In rustikalem, aber sehr gemütlichem Ambiente könnt ihr im Bauernhaus des Lür-Kropp-Hofs feiern. Je nach Gästezahl lassen sich hier bis zu 80 Personen gut unterbringen, sodass noch Platz für Tanz und Buffet bleibt. Für das Catering könnt ihr selbst sorgen oder die bestehenden Kooperationen nutzen. Na, dann mal: Danz op de Deel!

Lür-Kropp-Service GmbH | Rockwinkeler Landstr. 5 | 28355 Bremen
☎ 0421/67 12 58 | www.luer-kropp-hof.de
Bus & Bahn: Linie 2 bis Sebaldsbrück, dann Bus 34 bis Am Heiddamm
mit dem Auto: A27 bis Ausfahrt Bremen-Vahr (Richtung Oberneuland) dann rechts Richtung Oberneuland in die Franz-Schütte-Allee abbiegen, nach etwa 1,5 km wieder rechts in die Rockwinkeler Landstraße abbiegen

Fährhaus Farge

Wenn ihr auf maritimes Flair Wert legt, bietet sich z.B. das Fährhaus Farge an, in dem ihr nicht nur (in großem Rahmen) feiern, sondern wo ihr und eure Gäste auch nächtigen könnt.

Fährhaus Farge | Wilhelmshavener Straße 1 | 28777 Bremen-Farge
☎ 0421/68 86 00 | www.faehrhaus-farge.de
Bus & Bahn: Betonstraße (Linie 71)

Natusch ♥ (10)(10)–(10)(10)(10)

Im sogenannten »Laderaum« des bekannten Restaurants Natusch könnt ihr mit bis zu 150 Personen eine Hochzeitsfeier in maritimem Ambiente begehen. Wer mag, kann sich sogar im Restaurant standesamtlich trauen lassen. Weitere Informationen hierzu bekommt ihr über das Standesamt Bremerhaven (☞ S. 205).

Natusch Fischereihafen-Restaurant
Am Fischbahnhof 1 | 27572 Bremerhaven
☎ 0471/7 10 21 oder 22 | www.natusch.de
Bus & Bahn: mit der Regionalbahn zum Bremerhavener Hauptbahnhof, Haltestelle: Am Fischbahnhof (Linie 504)

Jürgenshof ♥♥ 🔑 (10)(10)–(10)(10)(10)

Der Jürgenshof bietet ein rustikal anmutendes, aber gehobenes Ambiente für eine Hochzeitsfeier in großer Gesellschaft und liegt nah zur Weser.

Jürgenshof
Café & Restaurant
Pauliner Marsch 1
28205 Bremen
☎ 0421/44 10 37
www.juergenshof.com
Bus & Bahn: Stader Straße/Hamburger Straße (Linie 3/22)

Bürgerhaus Weserterrassen

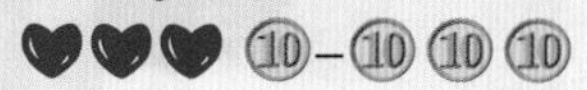

Hier feiert ihr mit traumhaftem Blick auf die Weser! Im großen Saal finden bis zu 160 Personen Platz. Das Bürgerhaus bietet Buffets in verschiedenen Preisklassen an.

Bürgerhaus Weseterrassen | Osterdeich 70b | 28205 Bremen
☎ 0421/549 49 16 oder 549 49 13
www.buergerhaus-weserterrassen.bremer-buergerhaeuser.de
Bus & Bahn: St.-Jürgen-Straße (Linie 2/3/10)

Landhaus Kuhsiel

Im »Kaminzimmer« bzw. im »Wümmesaal« des Landhauses Kuhsiel steht euch genügend Platz und eine reiche Auswahl für euer persönliches Hochzeitsessen zur Verfügung.

Landhaus Kuhsiel | Oberblockland 2 | 28357 Bremen
☎ 0421/301 68 51 | www.landhaus-kuhsiel.de
Anfahrt am besten mit dem Auto

Café Ambiente

Wenn ihr maritimes Ambiente genießen möchtet und zugleich auf eine zentrale Lage Wert legt, dann ist das Café Ambiente vielleicht der richtige Ort für eure Hochzeitsfeier. Hier könnt ihr mit Blick auf die Weser die Nacht zum Tag machen. Der Raum bietet Platz für 20 bis 65 Personen.

Café Ambiente | Osterdeich 69a | 28205 Bremen
☎ 0421/4 98 95 08 | www.cafe-ambiente.de
Bus & Bahn: St.-Jürgen-Straße (Linie 2/3/10)

Marschenhaus Speckenbüttel ♥♥ ⑩⑩

In der Diele des Marschenhauses könnt ihr euch nicht nur trauen lassen (☞ S. 217), sondern auch gemeinsam feiern und das Tanzbein schwingen. Vielerlei Menüvorschläge für Hochzeitsbuffets bietet das Marschenhaus an.

Marschenhaus Speckenbüttel des Bauernhausvereins Lehe e.V.
Marschenhausweg 2 | 27578 Bremerhaven
☎ 0471/8 50 39 | www.marschenhaus.de

Die Hochzeitsnacht

Die meisten Hotels haben spezielle Angebote für euch als Hochzeitspaar, aber auch für eure Hochzeitsgäste. Im Kapitel »Übernachten« (☞ S. 172) findet ihr zahlreiche Hotelvorschläge.
Um euch die Auswahl etwas zu erleichtern, seien hier schon einmal einige »Hochzeitsnachtklassiker« genannt.

Wer in Bürgerparknähe nächtigen möchte, kann sehr edel im **Park Hotel** (☞ S. 187) residieren, das **Hotel Munte** (☞ S. 188) in Betracht ziehen oder im gemütlichen **Hotel Residence** (☞ S. 180) unterkommen.

Für eine maritime Hochzeitsnacht bietet sich z. B. das **Fährhaus Farge** an (☞ S. 37), in dem ihr auch feiern könnt.

Klassisch und zentral: das **Maritim Hotel** (☞ S. 190) mit exklusivem Ambiente.

Wie wär's mit einer Nacht im romantischen Turmzimmer oder in einem echten Turmverlies? Dann seid ihr im *Turmhotel Weserblick* (☞ S. 178) genau richtig!

Über den Wolken und mit Blick aufs Meer könnt ihr eure Hochzeitsnacht im pompösen *Atlantic Hotel* in Bremerhaven (☞ S. 191) direkt am Hafenbecken verbringen.

In Bremen-Oberneuland findet ihr das familiäre *Hotel Lütkemeyer*. *Tipp:* das Genießerfrühstück für den nächsten Morgen gleich dazubuchen!

Hotel Lütkemeyer | Rockwinkeler Landstraße 83 | 28355 Bremen
☎ 04 21 / 25 94 61 | Bus & Bahn: Linie 2 bis Sebaldsbrück, dann Bus 34 bis Am Heiddamm

Wenn ihr es ganz traditionell und besonders zugleich mögt, dann reserviert rechtzeitig nur für euch zwei das »kleinste Hotel der Welt«: das *Hochzeitshaus im Schnoor* (☞ S. 184).

Bremer Liebesgeschichten:
Romantische Heirat in Vegesack

Vielleicht sitzt ihr im Sommer in den Biergärten an der Schlachte neben einem entwaffnend freundlichen Bremer Ehepaar – und vielleicht sind das Sonja und Matthias S., die aus Bremen-Nord in die Stadt gekommen sind, um etwas trinken zu gehen und Leute kennenzulernen. Seit über zehn Jahren sind die beiden nun schon ein Ehepaar und bekommen immer noch leuchtende Augen, wenn sie davon erzählen, wie alles begann.

Beim Erntefest in Osterholz-Scharmbeck kamen Sonja und Matthias das erste Mal ins Gespräch. Nach ein wenig Flirterei und Blödelei gestanden sich beide gleich unverblümt, dass sie einmal heiraten und gemeinsam Kinder haben wollten. Und gingen an diesem Abend wieder auseinander.

Zwar keine Liebe auf den ersten Blick, aber ein aufregendes Kribbeln blieb bei Sonja von dieser ersten Begegnung. Und Matthias war sich sicher: »Die ist es.« Er schrieb ihr rührende Liebesbriefe, Sonja antwortete vorsichtig mit Postkarten. Schließlich lud Matthias Sonja in ein Eiscafé ein. Über Spaghetti-Eis und Sahne hinweg unterhielten sie sich darüber, was sie eigentlich so vom Leben erwarten. Da wanderte dann auch schon mal die Hand zum anderen hinüber ... Und während Matthias sich sicher war, mochte Sonja ihr Herz noch nicht ganz verschenken. Matthias gab ihr Zeit: »Du bestimmst das Tempo«, war die entwaffnende und liebevolle Botschaft an seine Sonja.

Diese zog dann auch schon wenig später bei Matthias ein: »Ich hatte nie

Zweifel, ob das richtig ist.« Noch heute erzählt sie freudestrahlend, dass ihr alles »wie ein Geschenk« vorkam.

Gleich zu Beginn der Beziehung gab es die erste Feuertaufe. Matthias hatte, schon lange Zeit bevor Sonja in Sichtweite geraten war, mit einem Freund eine Reise nach Thailand gebucht. »Wir wurden beide 30 und wollten vorm Fegen flüchten«, erzählt er verschmitzt. Allerdings gab es noch eine Überraschung am Flughafen, denn Freunde und Kollegen waren natürlich gekommen, um die beiden männlichen »Fegeflüchter« einzusammeln und doch noch zum Fegen zu bringen! Merke: Dieser norddeutschen Tradition entkommt man nicht!

Matthias und Sonja sind ein herzliches Paar. Da wundert es nicht, dass Matthias eines Abends mit einem wunderbaren Essen und einem Herz aus Teelichten auf seine Sonja wartete und ihr einen Heiratsantrag machte. Nach einem fulminanten Polterabend im Haus Blomendal, einer romantischen Burg in Bremen Nord, heirateten beide am 24. August 1995 im Standesamt in Vegesack: Das Paar fuhr mit einer Kutsche vor, Matthias grüßte freudig mit seinem Zylinder, und Sonja war ein Traum in weiß.

Mittlerweile haben Sonja und Matthias zwei tolle Jungs. Wenn sie mal Zeit haben, gehen sie in die Tinto Tapas Bar oder sitzen eben an der Schlachte und genießen beim Sonnenuntergang das bunte Treiben an der Weser.

Manche mögen's heiß

Erotische Nächte

Um die Tage und Nächte noch ein wenig aufregender zu machen, bietet Bremen einige erotische Anregungen. Das kann mit einer Shopping-Tour in originellen Läden für Dessous und andere unzweideutige Utensilien beginnen, in einer Bar bei einem frivolen Cocktail weitergehen und schließlich in einem Queensize-Bett eines bremischen Hotels enden. Paare, die auf der Suche nach heißen Nächten der besonderen Art sind, kommen jedenfalls auf ihre Kosten.

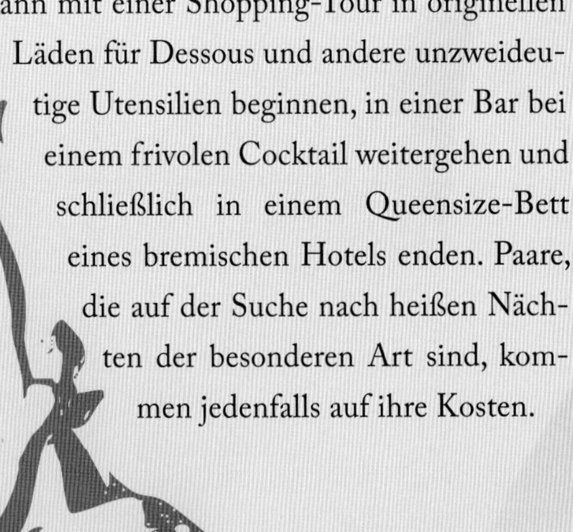

Slips & Styles

Ein echter Insider-Tipp in Sachen Dessous ist der Laden Slips & Styles von Iselin Crass. In angenehmer Atmosphäre könnt ihr hier exklusive und außergewöhnliche Wäsche für besondere Nächte auswählen. Die Inhaberin erhielt 2008 die Auszeichnung »Sterne der Wäsche«, die jedes Jahr an besonders professionelle und engagierte Dessousverkäufer in Deutschland vergeben wird.

Slips & Styles | Inhaberin: Iselin Crass
Am Wall 184 | 28195 Bremen | ☎ 0421/5 66 36 06
Öffnungszeiten: Mo–Fr 11–18 Uhr, Sa 11–16 Uhr
Bus & Bahn: Schüsselkorb (Linie 4/6/8/24/25)

Korsett Friedel

Im Bremer Traditionsgeschäft Korsett Friedel bekommt ihr alles »für drunter«, was das Herz begehrt!
Der kleine Laden mit dem viel zu biederen Namen hat verführerische Dessous in bester Qualität im Angebot. Renate Rostek und ihre Mitarbeiterinnen beraten euch gerne und arbeiten bei Bedarf auch mal ein Modell für euch um.

Korsett Friedel | Inhaberin: Renate Rostek
Ostertorsteinweg 73 | 28203 Bremen
☎ 0421/7 62 35 | www.korsett-friedel.de
Öffnungszeiten: Mo–Fr 10–18.30 Uhr, Sa 10–16 Uhr
Bus & Bahn: Wulwesstraße/Ulrichsplatz (Linie 2/3)

Anregende Nächte

Echtheiss

Ohne Eintrittspreis, aber mit Gesichtskontrolle können Paare in dieser „erotisch-frivolen Bar" bei den Gastgebern Dolli und Kai mit anderen Gästen auf Tuchfühlung gehen. Kein Swingerclub, sondern eine frivole Bar ist das echtheiss ihrer Meinung nach und daher in normaler bis erotischer Kleidung zu betreten.

Echtheiss | Humboldtstraße 156 | 28203 Bremen
☎ 0421/3 97 82 58 (während der Öffnungszeiten)
☎ 0151/15 51 05 39 | www.echtheiss.de
Öffnungszeiten: Di & Mi ab 20 Uhr, Fr & Sa ab 21 Uhr
Bus & Bahn: Klinikum Bremen-Mitte (Linie 25) oder St.-Jürgen-Straße (Linie 2/3/10)

Bluesky

Das Bluesky in der Neustadt legt auf eine gemütliche und familiäre Atmosphäre wert, in der sich jede/r wohl fühlen und sich in Kuschelecken (etwa auf dem Sofa oder einer großen Matratzennische) mit vielen knautschigen Kissen zurückziehen kann. „Alles kann, nichts muss", ist hier das Motto.

BlueSky Bremen | Lahnstraße 13a | 28199 Bremen

☎ 0173/6 30 44 78 | www.bluesky-bremen.de

Öffnungszeiten: Mi 21–2 Uhr, Do nur bei Specials, Fr 21 Uhr bis open end, Sa 21 Uhr bis open end

Bus & Bahn: Hochschule Bremen (Linie 1, 26, 27)

Cocktailbars

die euch mit anregenden Drinks wie „Sex on the beach“ oder „Summer Kiss“ verwöhnen, findet ihr ab ☞ S. 137.

Und für die etwas andere Liebesnacht …

… sei euch das Turmhotel Weserblick empfohlen, in dem man ein waschechtes Turmverlies als Zimmer mieten kann. Hier hängen noch die Eisenringe zum Anketten an der Wand: Der Fantasie sind keine Grenzen gesetzt …

Turmhotel Weserblick | Osterdeich 53 | 28203 Bremen

☎ 0421/79 03 00 | www.hotelgruppe-kelber.de

Bus & Bahn: Sielwall (Linie 2/3/10)

Kleiner Eventkalender

Bremen hat das ganze Jahr über viele Veranstaltungen zu bieten. Eine kleine Auswahl der Events, die zu zweit besonders viel Spaß machen, findet ihr hier!

Januar

Bei der **Eiswette** am 6. Januar wird geprüft, ob die Weser »steiht« oder »geiht«. Nicht unbedingt romantisch, aber sehr bremisch!

www.eiswette.de

Das **Bremer Sechs-Tage-Rennen** verknüpft Rad- und Trinksport aufs Engste.

www.sechs-tage-rennen.de

Bei der **Musikschau der Nationen** kommen Liebhaber der Blasmusik auf ihre Kosten ...

www.musikschau.de

Im Rahmen der **Literarischen Woche** lesen in zahlreichen Kultureinrichtungen alte und junge Literaten aus ihren Werken ... da geht es natürlich auch oft um die Liebe!

www.literarische-woche.de

Februar

Der Bremer Karneval

Der große Samba-Karneval in Bremen, der mit heißen Rhythmen und fantasievollen Kostümen quer durch die Innenstadt und durchs Viertel viele Zuschauer anlockt, wird von Sambagruppen von Zürich bis Kiel gestaltet. Wer mittanzen will, muss schon locker in der Hüfte sein: Aber wer würde bei der Stimmung nicht ein kleines Tänzchen am Wegesrand wagen?

www.bremer-karneval.de

März

Die **Bremer Osterwiese** ist neben Freimarkt und Weihnachtsmarkt das große Volksfest auf der Bürgerweide. Auf diesem großen Jahrmarkt in der Osterzeit kann man bis in die Nacht hinein schaukeln und schunkeln, schlemmen und schmusen. Vielleicht schießt ihr aber auch für die Herzensdame bzw. den Herzbuben eine Rose oder hängt ihm oder ihr gar ein Lebkuchenherz um. Wer's romantischer und beschaulicher mag, zieht sich in eine heimelige Gondel im Riesenrad zurück ...

Osterwiese auf der Bürgerweide, täglich von 13-23 Uhr

www.osterwiese.com

Mai

Auf dem **Bremer Kajenmarkt** treffen sich Freunde der maritimen Kost: An der

Schlachte laden Krabbenbrötchen und Live-Musik junggebliebene Verliebte und Liebhaber zum Bummel ein.
Anfang Mai bis Ende September an der Weserpromenade der Schlachte, immer samstags von 10–16 Uhr

Das Lyrik-Festival **Poetry on the road** zieht nationale wie internationale Literaten in die Stadt. (Nicht nur) Liebesgedichte der modernen Art gibt es hier auf den Lesungen zu hören.
www.poetry-on-the-road.com

Tradition hat ebenfalls schon die **Lange Nacht der Museen**, die meist Ende Mai in Bremen in diversen Museen stattfindet.
☞ S. 122

Juni

Anfang Juni zieht das **Vegesacker Hafenfest** zahlreiche Besucher nach Bremen Nord. Konzerte und Marktschreier, Riesenrad und Kutterpullen machen dieses Volksfest aus.
www.hafen-vegesack.de

Jedes Jahr werden die Wallanlagen in der Innenstadt, von der Wiese gegenüber der Kunsthalle bis zum Theaterberg, zu einem bestimmten Thema zum **Wallfest** geschmückt. Kleinkünstler, Brezelbuden und Musikkonzerte auf der Seebühne begleiten die Spaziergänger. Besonders schön ist ein nächtlicher Bummel am Wallgraben entlang, wo auf dem Wasser und am Ufer stimmungsvolle Lichtinstallationen die Nacht in buntes Licht tauchen.
Tipp: einen Moment lang auf dem Plateau des Theaterbergs auf einer Bank ausruhen und die Sterne anschauen!

Juli

Im Sommermonat Juli kann man sich auf Musik- und Theaterfreuden freuen, wie auf den **Sommer in Lesmona** ☞ S. 131 oder den **Theatersommer im Bürgerpark** ☞ S. 111.

Seit 2008 gibt es vom Bremer Theater ein besonderes Spektakel im Gröpelinger Hafengebiet: die **Oper auf dem Wasser**. Auf einer Seebühne im Wasser werden hier »Der fliegende Holländer« oder »Aida« zum Besten gegeben. Die beeindruckende Kulisse im Hafenbecken ist wirklich sehenswert!
Tipp: Bei unsicheren Wetterverhältnissen unbedingt überdachte Plätze buchen, möglichst weit hinten, denn sonst sitzt man stundenlang im Nieselregen.

Eine lustige, zuweilen etwas alberne Veranstaltung ist die jährliche **Badeinsel-Regatta**, bei der man allein oder zu zweit auf einer roten Badeinsel vom

Martini-Anleger bis zum Café Sand auf der Weser mit den anderen Teilnehmern um die Wette paddelt. Bäuchlings, mit Armen und Beinen paddelnd, könnt ihr dabei euren Teamgeist unter Beweis stellen – oder einfach dem nassen Treiben vom Ufer aus zusehen. Abends gibt es eine große Party und ein Feuerwerk.

Die **Breminale** ist das Musikfestival auf den Osterdeichwiesen, das »umsonst und draußen« auf mehreren Bühnen bekannte und noch zu entdeckende Musiker an die Weser lockt. Welt-, Rock- und Popmusik erschallt hier in den Musikzelten auf den Deichwiesen, im LichtLuftBad auf der anderen Weserseite sowie 2008 erstmals auch an Deck und im Schiffbauch des Betonschiffs »Treue«. Dazwischen stehen Buden mit Falafel und Bratwurst, Kunsthandwerk und Ausstellungen. Hier treffen sich musikbegeisterte und kulturinteressierte Leute, die Spaß an unterschiedlichen Musikrichtungen haben und denen auch das Wetter nichts anhaben kann. Denn: Die Breminale hat leider nur selten gutes Wetter gesehen. Also: Mit Regensachen und festen Schuhen wappnen und ab an den Osterdeich!
www.breminale.de

August

Am zweiten Augustwochenende findet in der Bremer Innenstadt das Musikfestival **Bremen swingt** statt. Neben Swing-, Blues- und Soulbands regen Jazzkapellen zum Mitwippen an. Ain't she sweet!
www.bremen-swingt.de

Anfang August zieht es Musikliebhaber zum **Festival Maritim** im Hafen von Bremen-Vegesack. Auf vielen Bühneninseln

wechseln sich ein Wochenende lang Rock-, Klassik- und Folkmusik mit Shanties und Chansons ab.
www.festival-maritim.de

Das Straßenzirkusfestival **La Strada**
verwandelt die Plätze und Straßen der Bremer Innenstadt mehrere Tage lang in eine Bühne. Schlappseil-Comedy, Jongleure, Feuertänzer, Zauberer und Straßenkünstler aus aller Herren Länder bieten ein abwechslungsreiches Programm unter freiem Himmel. Lasst euch in Fantasiewelten entführen!
www.strassenzirkus.de

Das **Viertelfest** entlang der Pulsschlagader des Viertels Ostertorsteinweg und Vor dem Steintor ist ein Volksfest der besonderen Art. An einem Wochenende im August spielen auf mehreren Bühnen von der Kunsthalle bis zum Ziegenmarkt Rock- und Popbands aller Art. Junges und jung gebliebenes Viertelvolk und andere machen hier die Nacht zum Tag. Für Paare, die reichlich Musik und Party mögen und den verkaufsoffenen Sonntag im Viertel nutzen wollen.
www.viertelfest-bremen.de

Ob im Vegesacker Stadtgarten, im Garten der Wassermühle in Südweyhe oder im Barkenhoff-Garten in Worpswede: Das **GartenKultur-MusikFestival** im Nordwesten ist ein besonderes Musikevent, bei dem Jazz und Swing, Klezmermusik, keltische Folk- und Weltmusik zu hören sind. In Bremen und in vielen romantischen Parkanlagen und grünenden Hof- und Privatgärten könnt ihr beschwingenden und träumerischen Klängen lauschen.
www.gartenkultur-musikfestival.de

Beim **Bremer Weinfest** auf dem Hillmannplatz in der Innenstadt kommen Freunde des Rebensaftes auf ihre Kosten: »Alter Wein und junge Weiber sind die besten Zeitvertreiber!«

September

Ende August/ Anfang September findet das renommierte **Musikfest Bremen** statt. In Bremen, Bremerhaven und vielen Veranstaltungsorten von Verden bis Spiekeroog werden zahlreiche Konzerte gegeben.

Ein romantisches Highlight ist dabei der Eröffnungsabend rund um den Marktplatz: Die umliegenden Gebäude der Bürgerschaft, des Rathauses und des Schütting werden kunstvoll von Lichtdesignern beleuchtet und bieten so eine stimmungsvolle Kulisse für einen herrlichen Klassikgenuss!
www.musikfest-bremen.de

Seit September 2008 findet das Fest **Bremen Maritim** in der Bremer Innenstadt und an der Weserpromenade der Schlachte statt. Bei schönem Wetter ideal zum Flanieren zu zweit …

Oktober

Auf diesen Monat freuen sich Bremen und das Umland, denn im Oktober bricht die fünfte Jahreszeit in Bremen an: Auf der Bürgerweide findet für zwei Wochen der **Freimarkt** statt. Mit dem Ruf »Ischa Freimaak!« (Es ist ja Freimarkt!) lockt der große Jahrmarkt mit schwindelerregenden Fahrgeschäften, Zuckerwatte und Festzelt. Die ganze Stadt ist in einer Art Ausnahmezustand – und sogar der Roland auf dem Marktplatz bekommt ein Lebkuchenherz um den Hals gehängt!
Ob Liebesschwüre im Riesenrad, Herzklopfen in der Geisterbahn, Rosen schießen oder verführerische Liebesäpfel: Der Bremische Freimarkt bietet für Jahrmarktliebhaber eine ganze Menge.
www.freimarkt.de

Dezember

Im Wintermonat Dezember lockt der romantische **Weihnachtsmarkt** Touristen und Bremer aus Nah und Fern in Bremens gute Stube: Auf dem Marktplatz und dem Domshof drängen sich Glühwein- und Zuckerstände, Handwerkskunst und Schiffsschaukel, ein überlebensgroßer Adventskalender, die Bremer Turmbläser und Kerzen in allen Farben und Formen. Und mit Grog im Bauch und dem oder der Liebsten an der Seite wird einem nicht nur weihnachtlich, sondern auch richtig warm ums Herz!

Bremer Weihnachtsmarkt und Schlachte-Zauber
in der Bremer Innenstadt und an der Weserpromenade der Schlachte
www.bremer-weihnachtsmarkt.de
täglich von 10-20 Uhr, sonntags ab 11 Uhr
samstags und sonntags um 18 Uhr: Musik der Bremer Turmbläser vom Rathausbalkon oder der Bühne des Adventskalenders
täglich um 17 Uhr: Die Bremer Stadtmusikanten auf dem Hanseatenhof

Register